Allitera Verlag

ULRIKE VOSWINCKEL, geboren in Hamburg, studierte Gemanistik und Romanistik. Die Autorin und Filmemacherin lebt seit 1967 in München und schreibt Radio-Features über Literatur, Kunst und Boheme in München (1900–1933) und Exilliteratur.

edition monacensia
Herausgeber: Monacensia
Literaturarchiv und Bibliothek
Dr. Elisabeth Tworek

Ulrike Voswinckel
Freie Liebe und Anarchie
Schwabing – Monte Verità
Entwürfe gegen das etablierte Leben

Unterstützt durch das Schweizerische Generalkonsulat in München

Bibliografische Information der Deutschen Nationalbibliothek
Die Deutsche Nationalbibliothek verzeichnet diese Publikation in der Deutschen Nationalbibliografie; detaillierte bibliografische Daten sind im Internet über http://dnb.d-nb.de abrufbar.

Juni 2009
Allitera Verlag
Ein Verlag der Buch&media GmbH, München
© 2009 für diese Ausgabe: Landeshauptstadt München / Kulturreferat
Münchner Stadtbibliothek
Monacensia Literaturarchiv und Bibliothek
Leitung: Dr. Elisabeth Tworek
und Buch&media GmbH, München
Umschlaggestaltung: Kay Fretwurst nach der Idee von Katharina Kuhlmann
Printed in Germany · ISBN 978-3-86906-027-9

Inhalt

Einleitung	7
Kapitel 1: Vegetabilismus! Vegetarismus!	
Die Gründung	13
Nach Süden	16
Der Berg der Wahrheit	18
Ida Hofmann	23
Ein Ausflug nach Bayreuth	25
Gusto Gräser: »Baue neben das Böse das Gute und Edle«	27
In Arcegno: Hermann Hesse und Gusto Gräser	29
Kapitel 2: Anarchie und Boheme: »Laßt uns chaotisch sein!«	
Das Café Stefanie	39
Erich Mühsam in Ascona	42
Otto Gross: »Die kommende Revolution ist eine Revolution fürs Mutterrecht«	47
Lotte	51
»Gott und die Welt und das Leben«	52
Else und Frieda, Frieda und Erich, Otto und Else, Frieda und Ernst, Otto und Regina …	55
Söhne und Väter	58
Margarethe Hardegger	60
Oskar Maria Graf und Georg Schrimpf – »Verzeihung, habe ich vielleicht mit dem Fürsten Kropotkin die Ehre?«	66
Kapitel 3: Die Gräfin: Fanny zu Reventlow. Schreiben in Ascona	
Das »Löwen-Sofa«	73
»Schwabing rückt vor«	77
Scheinheirat mit Seeräuber	81
»Der Geldkomplex«	84

Kapitel 4: »Jeder Mensch ist ein Tänzer«

Rudolf von Laban und Mary Wigman 89
Tanzkleider und Sandalen 94
»Istars Höllenfahrt« 100

Kapitel 5: Der Erste Weltkrieg, das erste Exil

Emmy Hennings und Hugo Ball 105
Dada in Zürich 108
Hugo Ball: »Jetzt weiß ich doch auch, wohin man aus Zürich noch flüchten kann: in den Tessin.« 115
Der Monte Verità im Krieg 118
»Herzbeben« 120
Tanz der sinkenden Sonne 122
Der einsame Tod: Otto Gross 128
Flucht aus der Zeit. Hugo Ball und Hermann Hesse 130

Kapitel 6: Die Baronessa: Marianne von Werefkin. Malen in Ascona

»Marianne spielt mit den Farben Russlands Malen« 137
»Ist Ascona nicht schön?« 139
Starke Frauen 141

Kapitel 7: Das zweite Exil

»Meister, ich harre und harre auf ein Wort« 150
»Die Verscheuchte« 154
Die »Pfeffermühle« bei Eranos 160
»Erdrosselt wie ein räudiger Hund« 164
Gusto Gräser: »Nennt mich Narr nur oder Tor, ihr gemachten Macher« ... 167

Epilog: Die Wiederentdeckung des Monte Verità 171

Anhang

Literaturverzeichnis 174
Bildnachweis 178
Dank 179
Register 180

Einleitung

Das Maggiadelta. Rechts von der Flussmündung Locarno, links Ascona

Der Monte Verità – der »Berg der Wahrheit«, am oberen Lago Maggiore im Schweizer Tessin unweit von Locarno gelegen, war vor hundert Jahren, zu Anfang des 20. Jahrhunderts, ein bekannter Begriff in Schwabing – eine Legende, ein Gerücht, eine Verheißung, ein Ort, der die Fantasie beflügelte und ganz real ein Ziel war für alle Arten von Aussteigern, Zivilisationsflüchtigen, der Stadt und des Staates Überdrüssigen. Kaum ein anderer Ort hat so viele neue Lebensentwürfe inspiriert oder ist zur Projektionsfläche von Utopien geworden wie der Monte Verità und seine nähere Umgebung. Die komplexe Wechselwirkung zwischen den Kraftfeldern Schwabing und Monte Verità ist überraschend;

sie beweist sich in allen Einzelheiten und begann schon damit, dass sich die Gründer des späteren »Berges der Wahrheit« in München trafen; es waren dies ein Belgier, Henri Oedenkoven, zwei Österreicher aus Siebenbürgen, die Brüder Karl und Gusto Gräser, zwei Schwestern aus Deutschland, die aus dem Montenegro anreisten, Ida und Jenny Hofmann, ein junges Mädchen aus Berlin, Lotte Hattemer und hier den Plan fassten, eine Kooperative als Naturheilanstalt in südlicher Landschaft, in Oberitalien oder der Südschweiz zu schaffen. So international diese Gruppe war, so war sie doch Teil einer ganzen Lebensreformbewegung, die am Ende des 19. Jahrhunderts vor allem in Nordeuropa viele Anhänger gefunden hatte.

»Industrialisierung, Urbanisierung, Technisierung, und damit die Konfrontation von Kapitalismus mit einer erstarkenden Arbeiterbewegung, riefen sehr früh im 19. Jh. Reformbewegungen auf den Plan, die die unumgänglich gewordene proletarische Revolution verhindern wollten. Lebensreform hieß die Möglichkeit eines dritten Weges zwischen Kapitalismus und Kommunismus und implizierte die freie Entfaltung des Individuums zwischen den Blöcken.«[1]

Die neuen technischen Erfindungen dienten im Wesentlichen der Beschleunigung des Lebens und der Arbeitsvorgänge, der schnellen Überwindung von Distanzen, der Ersetzung von Arbeitskraft durch Maschinen, und was die einen in euphorische Zukunftsvisionen versetzte, machte den anderen Angst oder ließ sie eine Entwicklung voraussehen, die den Menschen seiner Umgebung und vor allem der Natur entfremdete. So entstand gerade um die Jahrhundertwende eine Gegenbewegung, die eine Art Entschleunigung betrieb – mit der Rückkehr aufs Land und mit der Idee, alles mit den eigenen Händen selbst machen zu wollen; gleichzeitig ging damit auch eine Heilssuche einher, die sich auf eine andere Spiritualität als die von der Kirche gebotene bezog. Theosophische und urchristliche Gesellschaften hatten starken Zulauf, Spiritismus und Okkultismus, Esoterik und Astrologie wurden in mehr oder minder geheimen Zirkeln betrieben. Vertreter all dieser Richtungen fanden sich schon in den ersten Jahren auf dem Monte Verità ein und propagierten jeweils einen anderen Weg zum Paradies.

Das neue Leben, das die Gründer des Monte Verità in die Tat umsetzen wollten, hatte eine ganze Reihe von Zielen im Visier, die auf die Befreiung von etablierten Normen und auf eine gesunde naturnahe Lebensweise gerichtet waren. Alle hatten Tolstoi gelesen und Henry David Thoreaus *Walden oder Leben in den Wäldern* im Kopf; Gewalt- und Herrschaftslosigkeit war schon von Beginn an ein Thema, ebenso wie Vegetarismus und die Abwendung von kirchlichen Vorschriften. Das natürliche Leben erforderte auch eine neue Bekleidung, weg mit allem Beengenden, weg mit den Korsetts und Anzügen und dem Schuh-

---

[1] Harald Szeemann, *Monte Verità. Berg der Wahrheit*, Milano 1978, S. 5

werk – man ging barfuß oder mit selbstgemachten Sandalen, man trug weite Kleider oder Umhänge und Stirnbänder, um die langen Haare zu bändigen. Bilder von Licht- und Luftbädern, nackten Gartenarbeitern und radikaleren Höhlenbewohnern, den »Naturmenschen«, kamen sehr bald in Schwabing an, ebenso wie die Kunde von freier Liebe und Frauen, die in »Gewissensehe« lebten, und traf auf eine Künstler- und Bohemegesellschaft, die kurz zuvor noch das Mutterrecht von Bachofen diskutiert hatte und gegen alle bürgerlichen Zwänge opponierte. Wenn Schwabing ein »Laboratorium der Lebensformen«[2] war, so trifft das erst recht auf den Monte Verità der ersten Jahre zu.

Erich Mühsam und der österreichische Psychiater und Psychoanalytiker Otto Gross erschienen in der Schwabinger Caféhausszene, nachdem sie in Ascona und am Monte Verità die anarchistischen Möglichkeiten der Gegend wahrgenommen hatten – ganz in der Tradition von Michail Bakunin, der sich schon 1869 in Locarno angesiedelt hatte und in einem Brief von dort das »Paradies« beschreibt, in dem er gelandet sei, auch im Hinblick auf die liberale Schweiz und das tolerante Tessin.

So war es zum Beispiel für Oskar Maria Graf und den angehenden Maler Georg Schrimpf, als sie ihr hartes Münchner Arbeiterleben verlassen wollten, ganz selbstverständlich, dass sie sich auf den Weg nach Ascona machten, dort auch Genossen trafen, die vegetarische Siedlungen gegründet hatten und auf dem Monte Verità arbeiteten.

1910 kommt die »Gräfin von Schwabing«, Franziska zu Reventlow, nach Ascona, um durch eine Scheinheirat mit dem baltischen Baron von Rechenberg ihren Bankrott abzuwenden; während sie auf das Erbe des Schwiegervaters wartet, schreibt sie ihre wichtigsten Bücher, von denen *Der Geldkomplex* auch am Monte Verità angesiedelt ist. Ihre Seelenlage zwischen Heimweh nach Schwabing und dem Glück, in südlich-tropischer Landschaft gelandet zu sein, durchzieht ihre Briefe von dort. Sie blieb bis zu ihrem Lebensende im Tessin.

Für die Schriftsteller waren die ideologischen Implikationen des Vegetarismus, wie er auf dem Monte Verità betrieben wurde, unakzeptabel oder lächerlich – wenn sie auch zeitweilig davon profitierten; anders war es für den Tänzer und Choreographen Rudolf von Laban, der eine Tanzschule in München leitete und 1913 mit seinen Tänzerinnen nach Ascona kam. Er gründete zusammen mit Henri Oedenkoven »Die Schule für Kunst«, in der er und vor allem Mary Wigman die Grundlagen für den Ausdruckstanz erarbeiteten, für den sie bald danach in ganz Europa berühmt wurden. Im Winter ging Laban wieder nach München und inszenierte hier große Faschingsfeste, während auf dem Monte Verità im Sommer die experimentelle, konzentrierte Arbeit stattfand, die in das ganzheitliche Lebenskonzept des »Berges der Wahrheit« eingebettet war.

[2] Philipp Blom, *Der taumelnde Kontinent. Europa 1900–1914*, München 2008, S. 298

Während des Ersten Weltkriegs kamen viele Flüchtlinge und Kriegsgegner aus Deutschland in die Schweiz, zunächst nach Zürich, wo sich eine äußerst produktive Kunstszene entwickelte; die Gründung von Dada zog die Schriftsteller, Maler und auch die Laban-Tänzerinnen an. Darunter kamen viele aus München, zum Beispiel Emmy Hennings, Hugo Ball, Leonhard Frank, Marianne von Werefkin, Alexej von Jawlensky, Lou Albert-Lasard, Else Lasker-Schüler und viele andere. Alle Genannten sind bald darauf auch in Ascona, wie zum Beispiel Hugo Ball und Emmy Hennings, die sich 1919 nach Agnuzzo zurückziehen, in nächste Nähe von Hermann Hesse in Montagnola; alle drei bleiben ihr Leben lang im Tessin.

Die Perspektive dieses Buches und der Ausstellung in der Monacensia richtet sich auf die immer wieder erkennbare direkte Linie zwischen München – Schwabing und Ascona – Monte Verità, die an vielen Biografien sichtbar wird und vielfältige Spuren in Büchern, Briefen, Dokumenten und Bildern hinterlassen hat. Es sind sehr verschiedene Gründe und Motivationen, die die Einzelnen in den Süden ziehen; es geht hier nicht darum, ein irgendwie vollständiges Bild der ganzen Geschichte des Monte Verità zu erstellen, sondern von immer wieder neuen Seiten die Verbindung zwischen Schwabing und dem »Schwabing von Schwabing« (Martin Green) zu betrachten – mit einem besonderen Interesse an den Frauen, die gerade in der nicht-hierarchischen und nicht-patriarchalischen Gesellschaft des Monte Verità ein freies Leben führen konnten; in dieser Hinsicht war das liberale Ascona für die Fremden ein Ort, der im Laufe der Jahre viel vom Geist des Berges übernommen hatte. Die starken Frauen, auf die ein besonderes Augenmerk gelenkt wird, stehen exemplarisch für viele andere; die meisten von ihnen sind Künstlerinnen und gehören damit schon zur zweiten Welle der Zuwanderer – nach Harald Szeemanns Charakteristik solcher »Orte der Kraft«: zuerst kommen die Spinner und entdecken einen Ort, fangen seine Strahlungen auf, dann kommen die Künstler, die seine Schönheit besingen, dann die Bankiers, die Grundstückspreise steigen, und die Spinner und Künstler ziehen weiter.

Als Marianne von Werefkin und Jawlensky 1918 von Zürich nach Ascona gingen, hatten sie schon vier Jahre Exil hinter sich; sie hatten bis zum Kriegsausbruch in München gelebt und dort zusammen mit Kandinsky und Franz Marc den Aufbruch in die Moderne entscheidend mitgeprägt. Nach der Trennung von Jawlensky ließ sich Marianne von Werefkin ganz auf das dörfliche Leben von Ascona ein, stiftete Bilder für das Museo Comunale, gründete mit Schweizer Malern zusammen die Gruppe »Der Große Bär« und wurde von der Bevölkerung als »Nonna« geliebt und verehrt, was auch bei ihrem großen Begräbnis in Ascona unter Beteiligung aller Bewohner sichtbar wurde.

Diese Reihe lässt sich fortsetzen bis in die dreißiger Jahre – Stefan George überwintert ab 1931 in Minusio (Locarno) und stirbt im Dezember 1933 dort, Else Lasker-Schüler, »Die Verscheuchte«, verbringt viele Monate in ihrem zweiten Exil in Ascona, wo sie todunglücklich einige ihrer schönsten Gedichte schreibt, bevor sie endgültig nach Palästina emigriert – und sogar noch bis in die fünfziger Jahre, als die Remigranten aus Amerika, die nicht nach Deutschland zurückkehren wollen, sich in Locarno und Ascona ansiedeln. Es ist klar, dass es inzwischen nicht mehr der ursprüngliche Monte Verità ist, der die Anziehungskraft ausmacht, aber bis in die dreißiger Jahre ist die Vorstellung vom früheren Leben dort noch so präsent, dass Annemarie Schwarzenbach in ihrem Reiseführer der Schweiz – Ost und Süd von 1932 im Kapitel über Ascona ganz selbstverständlich erstmal über die Vegetarier und Naturmenschen erzählt.

Die gesamte wechselvolle Geschichte des Monte Verità hat der Schweizer Ausstellungsmacher Harald Szeemann in den 1970er-Jahren erforscht und in einer komplexen Ausstellung 1978 auf dem Berg, in Ascona und auf den Brissago-Inseln präsentiert: »Lokale Anthropologie als Beitrag zur Wiederentdeckung einer neuzeitlichen sakralen Topographie« war der Untertitel; damals wurde zum ersten Mal sichtbar, dass der Monte Verità in seinen vielen Schichten eine Geschichte von Gegenentwürfen zum etablierten Leben barg, eine Geschichte des alternativen Lebens, das gerade in den 1970er-Jahren in sehr ähnlichen Erscheinungsformen wieder in Mode kam und mit der Ausstellung nun sozusagen seine Vergangenheit und Vorbilder kennenlernen konnte. So wurde aus dem Barfußpropheten und Kohlrabiapostel Gusto Gräser plötzlich ein Guru der deutschen Blumenkinder und ein Großvater der Grünen. Er ist übrigens nach einem langen Vagabundenleben nach München zurückgekehrt und war noch in den 1950er-Jahren eine stadtbekannte Erscheinung; er starb mit 79 Jahren in München-Freimann.

Für das Buch standen vor allem die Nachlässe einiger Protagonisten vom Monte Verità zur Verfügung, die in der Münchner Monacensia, dem Literaturarchiv und der Bibliothek der Stadt München, gesammelt wurden; darunter ein großer Teil der nachgelassenen Werke von Gusto Gräser, von Franziska zu Reventlow, von Oskar Maria Graf, von Hans Brandenburg, dessen großartiges Fotoalbum der Laban-Tänzerinnen am Lago Maggiore eine Vorstellung von der lustvollen tänzerischen Befreiung in der Natur zeigt, und von Erika Mann, die mit ihrer »Pfeffermühle« im Schweizer Exil auch nach Ascona kam und Olga Fröbe-Kapteyn traf, die Gründerin der Eranos-Tagungen. Als die erste große Monte Verità-Ausstellung eröffnet wurde, trafen Besucher aus aller Welt ein, und die Mischung der Gäste war ein Abbild der legendären Vergangenheit und definierte eine neue Gegenwart der Ideen von damals, die nicht an Aktualität verloren haben. Es waren noch frühe Monteveritaner zu sehen mit jetzt grauen Bärten und langen weißen Haaren, begleitet von ihren Enkeln, Frauen in Reformkleidern, die Tänzerinnen Suzanne Perrottet, die einmal die Geliebte von Laban gewesen war, und die »ägyptische« Charlotte Bara mit Perlenstirnband und weitem Gewand, deren Vater ihr ein Theater in Ascona gebaut hatte, in dem Else Lasker-Schüler aufgetreten ist, ebenso wie Erika Mann mit der »Pfeffermühle«. Viele Künstler aus der zeitgenössischen Avantgarde waren anwesend (wegen Harald Szeemann), darunter nach Locarno zurückgekehrte Emigranten aus Amerika. Parallel dazu veranstaltete Hermann Müller eine große »Fiesta Monte Verità« zu Ehren von Gusto Gräser für alle jungen Alternativen, die in Deutschland gerade wieder eine sichtbare Gegenkultur entwickelten. Es wurde zum »Tanz der Grünen Kraft« geladen.

Damals, im Juli 1978, war ich zum ersten Mal auf dem Monte Verità. Ich hatte gerade begonnen, mich für die Schwabinger Boheme zu interessieren und über die Gräfin Reventlow zu schreiben; jetzt war ich vollkommen überrascht, die Schwabinger Caféhausgesellschaft im Süden wieder zu treffen – und das in einem Zusammenhang von Lebensreformern und Stadtflüchtigen. Das war eine Eröffnung von ganz neuen Perspektiven und so viel Stoff, dass ich in vielen Arbeiten darauf zurückgekommen bin. Gleichzeitig lernte ich bei dieser Gelegenheit auch einige der Emigranten kennen, die mir von ihrem Leben in Sanary erzählten, und auch das war folgenreich für meine gesamte Arbeit. Der »Berg der Wahrheit« mit seinen hochfliegenden Ansprüchen und seinem Scheitern im Begründen der idealen Gesellschaft ist immer noch ein Bergwerk der Ideen und der Inspiration, die gerade aus dem Hin und Her zwischen Stadt und Land, zwischen München und Ascona, zwischen Nord und Süd, zwischen der Vater- und der Mutterwelt ihre Nahrung erhält.

Kapitel 1
Vegetabilismus! Vegetarismus!

Die Gründung

Im Oktober 1900 versammelten sich zu München in der Wohnung meiner Familie Menschen verschiedenster äusserer und innerer Gestaltung; doch beseelte mehr oder weniger fast Alle ein gleiches Verlangen nach Verlassen der veralteten gesellschaftlichen Ordnung, besser Unordnung, zum Zwecke persönlicheren Lebens und persönlicherer Lebensführung – nach Freiheit.«[3]

Als Ida Hofmann und ihre Schwester Jenny, Henri Oedenkoven, Lotte Hattemer, Karl und Gusto Gräser sich in München trafen, um den gemeinsamen Aufbruch in ein ganz anderes Leben zu planen, hatten sie nicht nur die Befreiung von bürgerlichen Zwängen im Kopf, sondern eine radikale Veränderung ihres bisherigen Lebens, die Körper und Geist gleichermaßen betraf.

Ida Hofmann, 1864 in Freiberg in Sachsen geboren, war die Tochter eines Bergbauingenieurs und hatte in Wien Musik studiert; sie wurde in Montenegro Musiklehrerin an einem von der Zarin gegründeten Töchterinstitut und nur deshalb keine Pianistin, weil sie nicht öffentlich auftreten mochte.[4] Später, am Monte Verità, setzte sie sich oft an den Flügel und spielte mit Vorliebe Auszüge aus Wagners Opern für ihre Gäste. Als Ida Hofmanns Vater 1899 schwer krank wurde, begleitete sie ihn in die Naturheilkundeanstalt von Arnold Rikli in Veldes (im heutigen Slowenien), wo sie den belgischen Industriellensohn Henri Oedenkoven (1875–1935) kennenlernte, den »eine Krankheit bis zum Grabesrande«[5] dorthin geführt und zum Glauben an den Vegetarismus gebracht hatte. Oedenkoven war ein junger Mann von 25 Jahren, den seine Krankheit sensibel gemacht hatte für den schädigenden Einfluss von überreichem Wohlleben und der ungesunden Lebensform in industrialisierten Städten; sein Plan, nämlich selbst eine Siedlung als Naturheilanstalt zu gründen, traf bei Ida Hofmann auf größte Bereitschaft – sie stimmte sofort zu und bereicherte das »Zukunftsun-

---

[3] Ida Hofmann-Oedenkoven, *Monte Verità. Wahrheit ohne Dichtung*, Lorch 1906, S. 7
[4] Julia Schiff, *Extremes Denken und Fanatismus*, in: Südostdeutsche Vierteljahresblätter 4, München 1998
[5] Ida Hofmann-Oedenkoven, a. a. O., S. 4

Ida Hofmann, Lotte Hattemer, Henri Oedenkoven

Karl Gräser

ternehmen« um eine entscheidende Dimension über das Licht-Luft-Konzept hinaus: Die Befreiung der Frau von Männern, »welche sich im angestammten Recht glaubend die zu ihren Gunsten unselbständig erhaltene Frauenwelt egoistisch zu unterdrücken streben«[6]. Ihr selbstbewusster Feminismus schließt auch eine Befreiung von konventioneller, einengender Kleidung mit ein und die »freie Liebe«, frei von staatlicher oder kirchlicher Beglaubigung.

Der dritte Mitstreiter wurde Karl Gräser (1875–1920), Oberleutnant der österreichischen Armee, den Ida Hofmann und Oedenkoven auch in Veldes kennengelernt hatten. Karl Gräser stammte aus Siebenbürgen und hatte schon in seiner dortigen Garnison einen Club gegründet, der »Ohne Zwang« hieß; er suchte nach einer Möglichkeit, den verhassten Soldatenstand aufzugeben. Seine Abneigung gegen kapitalistischen Besitz ging so weit, dass er den größten Teil seines Erbes verschenkt hatte, und als er schließlich auf dem Monte Verità war, vermied er jede Berührung mit Geld. Sein Bruder Gustav Arthur, genannt Gusto (1879–1958), schloss sich der Gruppe an, obwohl Ida Hofmann und Oedenkoven ihn als ungeeignet für das Siedlungsprojekt ansahen. Gusto Gräser war eine auffallende Erscheinung und ein ungewöhnlicher Mensch, entschlossen zu einer sanften Radikalität und einem bedürfnis-

[6] A. a. O., S. 5

Tanz in Reformkleidern vor der Licht-Luft-Hütte. In der Mitte mit Hut der Neuankömmling Raphael Friedeberg

Gusto Gräser

losen Wanderleben, das er mit kurzen Unterbrechungen sein ganzes Leben lang beibehalten hat. »Nicht unkünstlerisch umhüllt eine lange härene Tunika über Kniehosen die hohe Gestalt eines 22jährigen Burschen. Langes straffes Haar ist durch ein ledernes Diadem von dem sehr regelmäßigen Gesicht zurückgehalten. Bloßfüßig oder mit Sandalen an den Füssen schreitet er dahin, ein Täschchen mit dichterischen Ergüssen umgegürtet, einen Hirtenstab in der Hand. Kinder knien vor ihm nieder, denn sie meinen, der Heiland erschiene ihnen«[7], schrieb Ida Hofmann über ihn.

Lotte Hattemer (1875–1906), schöne exzentrische Tochter eines Bürgermeisters aus Berlin, die ihre Familie schon frühzeitig wegen großer Differenzen verlassen hatte, war auch mutig und abenteuerlustig genug, um sich auf das Experiment einzulassen, während Jenny Hofmann, Idas Schwester, skeptisch blieb und sich erst später dazu gesellte.

[7] Ida Hofmann, *Monte Verità*, S. 17

Nach Süden

So brachen die fünf Aussteiger aus der bürgerlichen Zivilisation auf, um einen Ort in Oberitalien oder der Südschweiz zu suchen für ihre Utopie, die wahrscheinlich schon zu Beginn der Unternehmung für jeden der fünf ganz unterschiedlich aussah. Aber die Wanderung zu Fuß über die Berge nach Süden, in befreit wehender Kleidung, barfuß oder in Sandalen, die Frauen mit gelösten langen Haaren, mit leichtem Gepäck, war eine Verheißung.

Ida Hofmann erzählt in ihrem Buch *Monte Verità – Wahrheit ohne Dichtung* (1906) ausführlich über diese erste Fußreise, die ja auch für damalige Verhältnisse ungewöhnlich war und zunächst an den Comer See führte.

»Ueber das herrliche Klima, das Märchenhafte der Gegend brauche ich nichts zu sagen: die Meisten kennen ihren Zauber durch Anschauung oder vom Hörensagen. Unsere einfache und luftige Kleidung, unsere Hutlosigkeit, unsere entweder blossen oder nur mit Sandalen bekleideten Füsse erregten allenthalben grosses Aufsehen. An wie geringen Aeusserlichkeiten das Vorurteil der Menschen haftet, wie sehr die günstige oder ungünstige Schätzung eines Individuums davon abhängig gemacht wird, das haben uns unsere Streifzüge genügend bewiesen …«[8]

Als sie fast schon entschlossen sind, ein Stück Land am Comer See zu erwerben, brechen sie noch einmal auf, und die Gruppe teilt sich, um möglichst viel zu sehen. Die beiden Frauen Ida Hofmann und Lotte Hattemer ziehen allein los:

»Lotte und ich wanderten bei stets strömendem Regen und Kälte gegen Ponte Tresa. In Agno suchten wir Nachtquartier, man begegnete uns jedoch mit scheuen Blicken und wies uns überall ab. Lottes losgelöstes Haar, das in dichten straffen Strähnen ihr Gesicht fast bis zur Nase zu verhüllen pflegt, gab ihr allerdings ein etwas ungewöhnliches Aussehen. Unverdrossenen Mutes weiter ziehend, hatte ich die Fragen eines Italieners zu parieren, der uns nach einer harmlosen Anrede und Unterhaltung schliesslich einlud ›a tre‹ in seinem Hause zu schlafen. Wie ungewohnt ist die Selbständigkeit der Frau, wie wenig ist solche geachtet! – Mut und Ausdauer brachte uns dennoch bei einbrechender Dunkelheit in Ponte Tresa, am Südufer des Lugano-See, 2 prächtige Zimmerchen ein. Hier forderte man uns auf unsere Füsse zu waschen, bevor wir unser Bett bestiegen. [...] In Punto Cerisio erneuerten wir unseren Proviant und eine stattliche Kindermenge folgte uns auf Schritt und Tritt. [...] Es war ein kühler Morgen und der sonnenbeleuchtete um die Mittagsstunde leere Bahnhofsperron schien zur Fütterung am einladensten. Doch unsere Ruhe blieb nicht lange ungestört. Uns mit verächtlichen Blicken von Kopf zu Fuss messend, stellte sich ein Bahnhofsträger dicht an uns heran und

[8] A. a. O., S. 9f.

frug nach unserer Herkunft. [...] Kurz darauf standen zwei uniformirte lange Häschergestalten vor uns – mächtige weisse Federstutze vergrösserten ihre Länge um ein bedeutendes: ›I loro certificati‹ herrschten sie uns an, ich muss gestehen, dass mein voriger Uebermut einer kläglichen Mischung von Empörung, Angst und Ohnmacht gewichen war. Meine Erklärung über den Zweck unseres Ausflugs, dass man in Cadenabbia Nachfrage um uns halten könne, schien unzulänglich; Personen, die ohne Dokumente, blossfüssig in Sandalen und barhäuptig in fremdes Land kommen, gelten unbedingt als sehr verdächtig. [...] Am nächsten Tag kamen wir bis Luino, am Ostufer des Lago Maggiore. Eine Menge Volks lief hier wie überall unseren Spuren nach – die Hotelfenster des Raumes, in welchem wir unsere Polenta verzehrten, waren buchstäblich belagert und das Aufsehen steigerte sich noch, als wir auf der Post mit den Brüdern Gräser zusammentrafen. Der unablässig herniederprasselnde Regen, Kälte und für diese Umstände ungenügende Kleidung, sowie Unentschiedenheit bezüglich der Terrainwahl schufen eine ziemlich ungemütliche Stimmung. Karl Gräser schilderte später mit Komik den Moment, als er uns blau gefroren in unseren Betten kauernd fand. Und wie schön war es doch, dieses von Plänen und Eindrücken aller Art angeregte freie Wandern. Wieviel große Genüsse brachte es für kleine Entbehrungen! An einem Nachmittag stürmte sehnlichst erwartet Henri [Oedenkoven] in unser Zimmer. Mit nackten Waden, ebenfalls blaugefroren, aber er brachte ja nebst unverwüstlichem Humor was Warmes mit, und frische Wäsche! Ein Kaminfeuer und der Entschluss am folgenden Tage an das Nordende des Lago Maggiore, nach Locarno zu fahren, wohin Gräsers uns wieder vorausgeeilt, stellten die alte Heiterkeit wieder her. ›Hier findet man Menschen, auch langhaarige – vegetarische Pensionen usw.‹, schrieb Karl, ›kommet zu uns.‹«[9]

Locarno also, und dann bald das daneben liegende kleinere Ascona: Vielleicht hatten sie schon davon gehört, vielleicht auch nicht; es gab ganz vereinzelt in der Umgebung, in den Tälern, Menschen, die aus den Städten geflohen waren und im Süden das andere Leben angefangen hatten. Es hatte auch auf dem Hügel La Monescia schon den Plan zu einer Art Klostergründung von Theosophen gegeben (Alfred Pioda und Franz Hartmann), der zwar nicht realisiert worden war, aber immer im Gespräch blieb, was auch heißt, dass die Gegend eine Anziehungskraft hatte, die in der Folgezeit einen ungeahnten Magnetismus entwickelte. Schon vor der Jahrhundertwende waren überall in Deutschland Lebensreformpläne und sozialistische Siedlungsprojekte als Antwort auf großstädtische Verelendung und Vereinsamung in Angriff genommen worden; vegetarische und naturnahe Heilanstalten wurden gegründet. Es ist evident, dass Licht- und Luftkuren und Sonnentherapien im Süden leichter durchzuführen sind, aber der Süden ist auch

[9] A. a. O., S. 12ff.

Ascona um 1900

Ida Hofmann um 1905

ein Mythos gegen die Rationalität und die pure Vernunft. »Der Süden ist das schöpferische Prinzip schlechthin; alles, was neu wird, was Lebensfülle hat, ist südwärts, dem Licht entgegen zu finden. [...] Der Norden ist Kopf und der Süden Körper. Was hart wird, leblos wirkt, liegt nordwärts, was weich wird, aufgelöst ist und in neue Verbindungen eingeht, liegt südwärts.«[10]

Der Berg der Wahrheit

In Ascona entschlossen sich die Gründer Ida Hofmann, Henri Oedenkoven und Karl Gräser zum Kauf eines Grundstücks auf der nahegelegenen Collina: ein Stück verwildertes und karstiges Land in fantastisch schöner Lage mit Blick auf den Lago Maggiore, zwischen Kastanienwäldern und wilden Felsformationen. Anfänglich nur an-

[10] Theo Kneubühler, *Die Künstler und Schriftsteller und das Tessin (von 1900 bis zur Gegenwart)*, in: Harald Szeemann (Hrsg.), *Monte Verità. Berg der Wahrheit*, Milano 1978, S. 136

derthalb Hektar groß, später wurden noch zweieinhalb Hektar dazu gekauft, war es keineswegs billig für damalige Verhältnisse: 150 000 Franken kostete das Land. Henri Oedenkoven ging gleich daran, Pläne für ein Sanatorium zu machen; dafür aber musste die Erde bearbeitet werden, mussten Obstbäume und Gemüse gepflanzt werden, Wohnhäuser (zunächst ganz einfache Holzhütten) gebaut und Wald gerodet werden. Schon in dieser allerersten Zeit kam es zum Konflikt zwischen den naturbegeisterten Freunden. Das altbekannte Problem jeder Kommune oder auch Wohngemeinschaft taucht nun gerade verschärft in der Abgeschiedenheit von anderer Gesellschaft auf: »Wie erziele ich ein Höchstmaß an Selbstverwirklichung, ohne meine Mitmenschen dadurch in ihrem Anspruch auf ihre Selbstverwirklichung einzuengen? [...] Nach außen wird die tiefe Kluft, die sich zwischen Henri und Ida und den anderen auftut, vom ersten Tag der Inbesitznahme des Berges an deutlich. Henri und Ida streben eine Naturheilanstalt, ein Sanatorium an; Karl eine Kolonie. Die einen wollen arbeiten um sich und anderen das Leben zu ermöglichen, die anderen wollen gleich und nur leben. Henri und Ida sind durchaus realistisch genug, um die Notwendigkeit autarken Wirtschaftens zu erkennen. [...] Unrealistisch sind sie in der idealistischen Fehleinschätzung der menschlichen Trägheit und in der Überschätzung von Freundschaft und Vertrauen als ausreichende Garantie für ein funktionierendes Gemeinwesen.«[11]

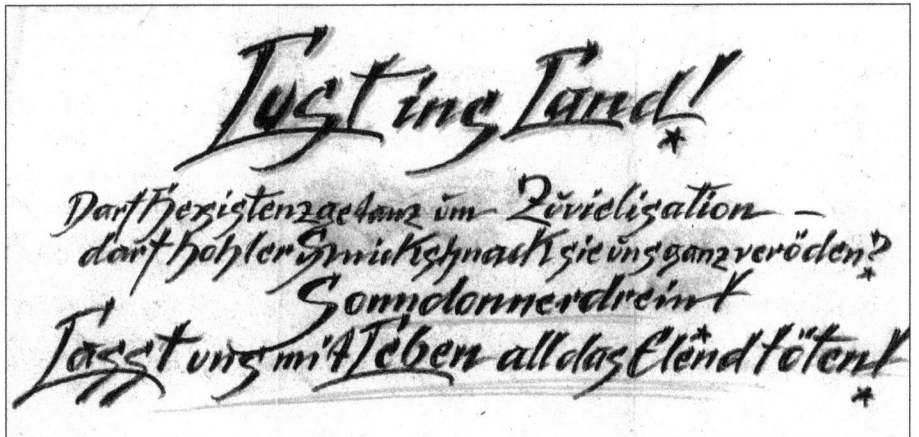

Gusto Gräser

[11] Janos Frecot, *Landkrone über Europa. Der Monte Verità als zentrales Versuchsfeld für alternative Lebensformen zwischen Jahrhundertwende und Erstem Weltkrieg*, in: Harald Szeemann (Hrsg.), *Monte Verità. Berg der Wahrheit*, S. 57f.

Der Konflikt spitzt sich zu, als die Urbarmachung des Landes regelmäßige harte Arbeit erfordert, die allen diesen Menschen ungewohnt und anstrengend ist. Gusto Gräser sieht seine Aufgabe darin, als Prophet der Freiheit, des Pazifismus und der Naturverklärung umherzuziehen; er, der früher als ganz junger Mann kurze Zeit Schüler von Karl Wilhelm Diefenbach war und Maler werden wollte, schrieb und zeichnete nun Traktate, die er verschenkte, manchmal verkaufte oder auch gegen eine Mahlzeit eintauschte. Man kann sich leicht vorstellen, warum Ida und Henri seine fröhlichen Wanderungen mit Argwohn betrachteten, aber auch mit Karl Gräser gab es Schwierigkeiten. Er wollte eine kommunistische Siedlung ohne Privateigentum, und er wollte alles, was man selber machen konnte, selber machen – Kleidung, Schuhe, Hausgerät –, es gibt sogar noch Möbel, die er selbst gefertigt hat; er war radikal in seiner Ablehnung der Geldwirtschaft, und die Vorstellung eines letztlich kommerziellen Sanatoriumsbetriebs gefiel ihm überhaupt nicht. (Schon die Einrichtung einer Wasserleitung mit einfachen Duschen auf dem Berg teilte die Gruppe in die Fortschrittsorientierten und die Naturmenschen, und diese Entzweiung geht auch durch alle vergleichbaren Unternehmungen der Zeit – ob es Wasserleitungen oder Elektrizität sind, ob es die Anwendung von Maschinen ist oder deren strikte Ablehnung.)

Inzwischen hatten Ida und Henri sich so liebgewonnen, dass »in beiden der Wunsch nach dauernder Vereinigung zu erwachen begann. Liebe, als eine in der Natur ›frei‹ sich vollziehende Vereinigung zweier Wesen betrachtend, verwerfen wir für uns sowohl den priesterlichen Segensspruch als den Staatsakt. [...] Sie bestätigen offiziell jene entwürdigende Besitzergreifung der Frau durch den Mann und bieten daher dem klar denkenden Menschen unseres Zeitalters den Inbegriff der Unmoral, der Lüge und der Lächerlichkeit. Immerhin entfesselte die Kunde von unserer freien Vereinigung einen ganzen Sturm von Entgegnungen und Entrüstungen.«[12] Tatsächlich kamen sowohl die Eltern von Ida als auch die von Henri angereist, um die fehlgeleiteten Kinder zur Hochzeit zu bewegen – aber auch Henris lange Locken und die Weigerung von Ida, Handschuhe beim Stadtbesuch zu tragen, schockierten die Eltern. Doch beide blieben standhaft. Nicht lange danach kam Idas Schwester Jenny zu ihnen auf den Monte Verità und schloss sich Karl Gräser an, auch in Gewissensehe. Nach kurzer Zeit, viel Streit und grundsätzlichen Auseinandersetzungen trennten sich die Gründer – die beiden Gräsers und Jenny Hofmann verließen das gemeinsame Unternehmen und siedelten sich woanders auf dem Berg an, wo sie in der von ihnen intendierten Bedürfnislosigkeit lebten. Lotte Hattemer pendelte zwischen beiden Gruppen hin und her, »schwebte stets in ›höheren Regionen‹«, wie Ida Hofmann

---

[12] Ida Hofmann, *Monte Verità*, S. 18

Gartenarbeit auf dem Monte Verità, nackt

schrieb, sie war ekstatisch und seltsam, quartierte sich allein in einer verlassenen Ruine ein; ihr weiteres Schicksal war tragisch, wie man noch sehen wird.

Gusto Gräser begab sich wieder auf Wanderschaft und war sicher einer von denen, die die Botschaft vom Monte Verità weitertrugen. Als er ein paar Jahre später zurückkommt (nachdem er in Österreich den Militärdienst verweigert hatte und dafür in Festungshaft genommen worden war), richtet er sich in einer Felsenhöhle bei Arcegno ein. »Hier, etwa eine Stunde nordwestlich von Ascona, drin im Gebirg, wird vielleicht eine Abtheilung für Höhlenbewohner, Einsiedler, Säulenheilige etc. entstehen. Diese stilleren Gäste werden dem Gusti nicht die Landschaft verschandeln«, schrieb Adolf Arthur Grohmann 1904 in einer der ersten Schriften über »Die Vegetarier-Ansiedlung in Ascona und die sogenannten Naturmenschen im Tessin.«[13]

Von Ferne gesehen war die Spaltung der Gruppe für die Attraktivität der Naturheilanstalt gar nicht so ungünstig. Denn es gab viele Leute, die durch die radikaleren »Naturmenschen« angelockt wurden und sich dann einer Kur im Sanatorium unterzogen – oder umgekehrt. Das betraf zum Beispiel Hermann Hesse und auch Erich Mühsam, davon später.

---

[13] Adolf Arthur Grohmann, *Die Vegetarier-Ansiedlung im Tessin*, Halle a. d. Saale 1904, Reprint Ascona 1997, S. 31

Teestube im Licht-Luft-Hüttenstil

Henri Oedenkoven und Ida Hofmann

Schon im ersten Jahr versäumte es kaum einer der Durchreisenden von Locarno, das Naturexperiment auf dem Monte Verità zu besichtigen – das ging so weit, dass Oedenkoven Eintrittsgelder verhängte, um den Besucherstrom einzudämmen und weniger Erklärungen abgeben zu müssen. Manche der Besucher blieben auch gleich da und halfen beim Aufbau mit, aber es stellte sich heraus, dass es ohne professionelle Handwerker und Gärtner nicht zu schaffen war. Als die ersten Lufthütten fertig waren, trafen auch schon die Gäste ein. Fotos von nackten Bewohnern bei der Gartenarbeit und von fröhlichen Tänzerinnen in weiten Kleidern und Tänzern mit bloßen Beinen, langen Haaren und Bärten gingen durch die Schweiz und durch Deutschland. Ida Hofmann beeilte sich, in mehreren Broschüren die lebensreformerischen Überzeugungen zu definieren, die ihrer Heilanstalt zu Grunde lagen, aber ihre erste Veröffentlichung war die Verteidigung einer »stark angefeindeten Verfasserin, welche für Frauenrechte eintritt«: »Wie gelangen wir Frauen zu harmonischen Daseinsbedingungen?« (1902) heißt Ida Hofmanns Beitrag zum Feminismus.

Ida Hofmann

Der Dreh- und Angelpunkt für Ida Hofmann und Oedenkoven ist die Ernährung, die nicht nur den Körper reinigen, sondern auch den Geist erfrischen soll. Kaffee, Alkohol und Tabak sind selbstverständlich streng verboten, und das vegetarische Essen wird bald zugunsten des vegetabilischen ersetzt: kein tierisches Erzeugnis darf gegessen oder verwendet werden, was allerdings bei den Ledersandalen und den Lederstirnbändern auf Ersatzprobleme stößt. Zeitweilig wurde reine Obsternährung propagiert, aber selbst Ida Hofmann vertrug sie nicht, und so wurde gekochtes Gemüse zugelassen – auch deshalb, weil verschiedene der Gäste heimlich ins Dorf hinunter gingen, um satt zu werden.

»Vegetabilismus! Vegetarismus!« heißt Ida Hofmanns Propagandaschrift des gesunden Lebens von 1905. Sie beginnt mit einem furiosen Aufruf:

»Diese Blätter sollen fliegen wie vom Sturm bewegt, von demselben Sturme, der edle wagemutige Frauen jüngst in Berlin zum Kampfe für Freiheit und Recht zusammenführte; er soll faule Traditionen über Frauensitte u. über das ›*Ewig Weibliche*‹ vernichten, Vorurteile entwurzeln und in alle Winde fegen, damit die Frau als gleichwertige, wenngleich verschieden geartete Ergänzung zum Manne, ihres Wertes voll bewusst erkenne, dass ihr kein Können mangelt, wenn starkes, vorurteilsloses Wollen sie beherrscht. Fliegen sollen diese Blätter in die Reihen jener Mitschwestern welche, unfrei als Mensch und Weib, im Banne gleichsam auf Eid übernommener Alltagspflichten die Zeit zum Denken oder den Mut zum Handeln nicht finden.«[14]

Dieser kühne feministische Appell geht sofort zum Vegetarismus über, und daraus wird auch deutlich, dass sie ihn als Gesamtkonzept begreift, nicht nur als Ernährungsfrage:

»Nicht gequält, leidend und tatenlos müsst Ihr Frauen Euer Leben fristen. Vegetarisch, das heißt vom Wohlgefühl der gesamten Lebensverhältnisse zu Tatenlust beseelt, sollt Ihr schaffen.«[15]

Genau betrachtet ist Ida Hofmanns Text ein Ratgeber für ein ganzheitliches, naturnahes Leben mit Themen, die heute überhaupt nicht an Aktualität verloren haben – »das Wesen der Naturheilmethode, die Verwerfung des Impfens und der gebotene Kampf gegen den Impfzwang, das Problem gemeinsamer Teilung der Arbeit zwischen Mann und Frau, Beschäftigung auch der Frau mit hochwichtigen Tagesfragen« – und als äußerstes Mittel rät sie den Frauen sogar zum Streik zur Erreichung größerer Freiheit! »Bleibet nicht Puppen, sondern werdet Menschen«[16],

---

[14] Ida Hofmann, *Vegetabilismus! Vegetarismus!*, Monte Verità bei Ascona 1905, S. 3
[15] A. a. O., S. 4
[16] A. a. O., S. 22

ruft sie ihren Mitschwestern zu (vielleicht noch *Nora* von Ibsen im Kopf, die sie auf ihrer Reise 1904 in München gesehen hatte); wie weit ihr Feminismus gewirkt hat, lässt sich schwer sagen, aber es ist sicher nicht zufällig, dass besonders viele starke und sehr eigenständige Frauen im Laufe der Jahre zum Monte Verità und nach Ascona gekommen sind. Ihr Lebens- und Heilungsprogramm schloss sehr viel Tanz und jede Art von künstlerischer Betätigung ein – in nicht leistungsorientierter Form, ebenso wie Gartenarbeit und Handwerk. Das alles zusammengenommen lässt an Rudolf Steiners Pädagogik denken, aber die hat er erst später entwickelt. Steiner war überraschenderweise nie auf dem Monte Verità, nur einmal zu einem Vortrag mit dem Thema »Christus-Impuls im historischen Werdegang« in Locarno 1911, der von vielen Theosophen, auch solchen vom Monte Verità, besucht wurde.

Unterdessen erschienen auf dem Monte Verità die verschiedensten Menschen, die man heute zumindest als alternativ bezeichnen würde, darunter so spektakuläre Gestalten wie der Naturapostel Gustav Nagel (1874–1952):

Gustav Nagel, Naturmensch und Wanderprohet

»Gustav Nagel tritt am 17. November vor unsere erstaunte Gruppe. Heftiges Schneegestöber hindert ihn nicht, blossfüssig und nur mit einem kurzen Hemde bekleidet einherzugehen. Helle Freude breitet sich über die Züge der Anwesenden; denn der Anblick seiner Persönlichkeit wirkt erfrischend; er macht den Eindruck eines Genesenden, aber noch nicht Gesunden. Seine Gestalt, sein von lockigem Haar umwallter Kopf sind schön. Ausdruck und Haltung sind edel, sein Auge jedoch ist unstet – er lacht oft kurz und grundlos auf. Nagel zeigt uns Atteste von den bekanntesten deutschen Medizinern und Naturärzten, welche einstimmig seine vielfach angezweifelte Zurechnungsfähigkeit bestätigen, damit Nagel sich von der über ihn verhängten Kuratel befreien könne. Er verkauft viele Ansichtskarten mit seinem eigenen Bildnis an uns, schläft, schläft morgens bis 11 Uhr, lässt sich sein Essen zum Bett bringen, hüllt sich tagsüber nackt in eine wollene Decke, friert dabei jämmerlich und eilt von Unruhe getrieben nach zweitägigem Aufenthalt zum Schiffe, das ihn weiter nach Süden bringen soll.«[17]

[17] Ida Hofmann, *Monte Verità*, S. 49

Erich Mühsam, von dem noch viel die Rede sein wird, beklagte die Heimsuchung des Monte Verità von »ethischen Wegelagerern mit ihren spiritistischen, theosophischen, okkultistischen oder potenziert vegetarischen Sparren.«[18]

Ida Hofmann bat den Chronisten A. Grohmann in ihrer »Reformschreibung«, dass er sie nicht als Naturmenschen bezeichnen sollte, »indem wir diese bezeichnung fast gleichbedeutend mit ›urmenschen‹ betrachten, eine bezeichnung, welche wol nur auf jene zeit bezug haben kann, da die ersten menschen di nakte, d. h. di noch unkultivirte natur u. erde befölkerten. […] ›kultur‹menschen im besten sine des wortes wollen wir sein, dazu bedurfte es eben einiger reformen.«[19] Zur Kultur gehören in dieser Zeit Vorträge von Durchreisenden, oftmals von Theosophen (wie Günther Wagner, Vorstand der theosophischen Loge in Lugano), oder Musik, besonders von Richard Wagner, der einer der Hausgötter auf dem Monte Verità ist.

Ein Ausflug nach Bayreuth

Ida Hofmann und Henri Oedenkoven machen sich 1904 auf eine Reise nach Bayreuth; auf dem Weg dorthin besuchen sie verschiedene »interessante Persönlichkeiten«, von denen sie auf ihrem Berg gehört haben. Einige erweisen sich als Enttäuschung, zum Beispiel der Pfarrer Blumhardt in Bad Boll, »dessen Vater Wunderheilungen zugeschrieben« wurden – er nahm Anstoß an ihrer Kleidung (Ida in einfachem Reformkleid, Sandalen und offenem Haar, Henri im »kleidsamen Reformanzug mit Kniehosen, Sandalen und Socken«) und verbannte sie vom gemeinschaftlichen Mittagstisch, «weil Hunderte von Menschen durch unser Äusseres brüskiert werden könnten«.[20] Besser gefiel ihnen Dr. Johannes Müller (1864–1949), der als eine Art Lebens-Philosoph auf dem Schloss Mainberg bei Schweinfurt residierte und an diesem Tag einen Vortrag über die Freundschaft zwischen Mann und Frau hielt; auch Henri Oedenkoven kam zu Wort, er erläuterte das Konzept vom Monte Verità und gewann neue Freunde, die danach auch in die Schweiz kommen wollten. Johannes Müller aber wird ein Jahrzehnt später sein eigenes Lebensreformschloss in Elmau gründen, dem noch bis vor einigen Jahren seine Tradition aus der alternativen Naturszene der Jahrhundertwende anzusehen war.

Bayreuth 1904: Ida Hofmanns Beschreibung ihres Besuches klingt hochaktuell: »Ein flüchtiger Blick auf [den Festhügel] genügt, um zu erkennen, dass Bayreuth den meisten Besuchern als Modesache gilt. Man bemerkt grossen Luxus

---

[18] Erich Mühsam, *Ascona 1905*, Reprint von Klaus Guhl, Berlin o. J., S. 25
[19] A. Grohmann, *Die Vegetarier-Ansiedlung in Ascona*, Reprint, Ascona 1997, S. 21 u. 24f.
[20] Ida Hofmann, *Monte Verità*, S. 81

Isadora Duncan

der Toilette, insbesondere die Hüte der Damen weisen geradezu Monumentalbauten auf. [...] Doch der eigenartige Zauber, die Weihe des Gedankens und der Tat nehmen den geistigen Zuhörer in »Parsifal« bald gefangen. [...] Am 12. August hören wir »Tannhäuser«. Mein Interesse an dieser Aufführung gipfelt im Auftreten der Isadora Duncan als Grazie. Die neuartige Form ihres Tanzes wird viel besprochen und von der öffentlichen Meinung teils freudig begrüsst, teils gehässig kritisiert. Die Duncan tanzt in durchsichtigem Gewande und barfuss. [...] Ihren eigenen Worten zufolge strebt Miss Duncan eine Renaissance der Tanzkunst wie der kindlichen Körperform an und gründet eine Tanzschule in Athen oder Berlin. Wir streben eine Renaissance des Menschengeschlechts an – es war als ob wir einander zu ähnlichem Zweck begegnen und vielleicht gegenseitig auf unserem Arbeitsfeld ergänzen sollten.«[21]

Isadora Duncan (1877–1927) ist damals die Ikone des neuen Tanzes, ebenso umjubelt in aller Welt wie umstritten, und für den Monte Verità die Synthese vieler seiner Anliegen: der befreite Körper, die selbstbestimmte Erotik, die Kühnheit, nach eigenen Gesetzen zu leben, die Erfindung des »Tanzes der Zukunft«. Ein paar Jahre später werden Rudolf von Laban und Mary Wigman den Ausdruckstanz auf dem Monte Verità neu für sich entdecken und zu großem Erfolg führen. Isadora wird nie auf dem Monte Verità tanzen, aber sie kommt nach dem entsetzlichen Tod ihrer beiden Kinder 1913 kurze Zeit zur Erholung dorthin.

1905 gründet Henri Oedenkoven offiziell die »Vegetabilische Gesellschaft des Monte Verità«, und damit ist das urkommunistische Experiment beendet; das Sanatorium funktioniert nicht nach genossenschaftlichen Gesichtspunkten, sondern

[21] A. a. O., S. 83f.

Das Gesellschaftshaus auf dem Monte Verità

in dem Maße kommerziell, dass es sich tragen kann. In der Zwischenzeit war aber der Ruf des Monte Verità schon sehr verbreitet, die Legendenbildung hatte längst begonnen, und Ida und Henri hatten ein Netzwerk zwischen Lebensreformern, Theosophen, Vegetariern und Sonnenanbetern geknüpft, das in den nächsten Jahren und sogar Jahrzehnten noch Scharen von Interessierten auf den Berg lockte.

Gusto Gräser: »Baue neben das Böse das Gute und Edle«

Wort-Bild von Gusto Gräser

Gusto Gräser war in den ersten Jahren nur selten auf dem Monte Verità. Wenn er von seinen langen Wanderungen durch Dörfer und Städte ins Tessin zurückkehrte, zog er sich eremitisch in seine Höhle bei Arcegno zurück, lebte von Beeren und Nüssen oder von dem, was er manchmal von Bauern erbettelte oder durch Tausch gegen Mitarbeit erhielt. Der Chronist vom Monte Verità, Adolf Arthur Grohmann, suchte ihn dort auf und bat ihn, »das Wesentliche seiner Weltanschauung schriftlich auszuarbeiten. […] Er brachte mir den Text: ›Baue neben das Böse das Edle und Gute.‹ Alles Übrige folgere sich hieraus, setzte er mündlich hinzu. [...] Er ist ein schöner Mann von der grössten Liebenswürdigkeit, offen, wahr und treu. An ihm ist alles echt und eigen, und ein reges, tiefes Gemüthsleben liegt in ihm.«[22] Gusto Gräser hat mehr als alle anderen die Vorstellung der »Naturmenschen« vom Monte Verità geprägt. Die Überzeugungskraft seiner Botschaft lag offensichtlich in seiner Erscheinung, seiner Kraft und Gesundheit, seiner Selbstgenügsamkeit und sanften Radikalität. (Seine Kleidung, die der aller Barfußpropheten glich, war auch noch oder wieder 1978 der Dresscode bei den Alternativen und Ökoanhängern, ohne dass die meisten von ihnen ahnten, dass sie bis ins Detail prominente Vorläufer hatten.)

Gusto Gräser scharte keine Jünger und keine Frauen um sich; er konnte Autoritäten nicht ertragen und ebenso wenig wollte er selbst Macht ausüben. »Nicht jeder sah – quer durch die Aschenputtel-Attribute des Landstreichers – die Goldaura eines Wanderapostels schimmern, frei nach franziskanisch-urchristlicher oder eher kynischer Sitte, ein neuer Diogenes ohne Fass«.[23] Aber eines Tages traf er die Frau, die sein Nomadenleben zu teilen bereit war: Elisabeth Dörr (1874–1955), Tochter eines Zeitungsverlegers aus Mainz, deren Mann bei einem Bergunfall verschollen

Der Wohnwagen, mit dem Gusto Gräser und seine große Familie durchs Land zogen

[22] A. Grohmann, a. a. O., S. 28f.
[23] Ulrich Holbein, *Drum Tao-Wind ins Winterland. Der grüne Zweig 260*, Löhrbach 2008

Elisabeth und Gusto

war.[24] Sie war mit Kneipp-Kuren vertraut und ansonsten als Hellseherin bekannt. Sie hatte fünf Kinder und bald schon ein sechstes von Gusto Gräser, später noch zwei weitere. Mit Pferd und grünem Planwagen, an dem Gustos Traktate und Flugschriften befestigt waren, fuhr die große Familie nun über Land und siedelte sich später am Monte Verità an, in dem Haus von Karl und Jenny Gräser, die den Berg verlassen hatten. Man weiß nicht sehr viel über Elisabeth Dörr und ihren couragierten Entschluss zum einfachen Leben; Gusto Gräser hat sie immer als Inbegriff der Mütterlichkeit gemalt und bedichtet.

In Arcegno: Hermann Hesse und Gusto Gräser

Auf einem Foto von 1907 sieht man Hermann Hesse im Kreis der Monteveritaner vor dem Haupthaus des Sanatoriums stehen. Er ist im Unterschied zu ihnen bürgerlich gekleidet und schaut als einziger nicht frontal in die Kamera, so als wollte er nicht als zugehörig angesehen werden. Ob er dort eine Alkoholentziehungskur machen wollte, wie Robert Landmann[25] vermutet, oder ob er auf dem Weg zu Gusto Gräser nur zu Besuch da war, ist nicht klar, auch nicht, wann er zum ersten Mal Gusto Gräser kennen gelernt hat. Es gibt einen Text von 1907 von Hesse, der »In den Felsen. Notizen eines Naturmenschen« heißt (zum ersten Mal erschienen im Münchner Magazin *März* 1908), darin beschreibt der Ich-Erzähler einen Versuch, sich der Natur nackt und asketisch auszusetzen und eremitisch zu leben.

»Mein Bett bestand aus dem steinigen Boden, meiner wollenen Decke und den paar Armen voll Laub, die ich vor einigen Stunden gesammelt hatte. Ich schüttelte mir ein Laubkissen auf, rollte mich in die Decke und nahm mir vor, geduldig zu sein und bald einzuschlafen. Allein ich schlief nicht. Mein Kopf surrte vor Schmerzen, meine überall geritzte und entzündete Haut brannte und biß, meine Kehle lechzte trocken. [...] Genesen hatte ich wollen und frei und neu werden,

---

[24] Siehe Martin Green, *Mountain of Truth*, Hanover and London 1986
[25] Robert Landmann, *Ascona – Monte Verità*, Frauenfeld/Stuttgart/Wien 2000, S. 113

Hermann Hesse (Mitte) im Kreise der Monteveritaner 1907. Ganz links der Fastenkünstler Arnold Ehret neben Oedenkoven

und ich hatte es mir wunderlich und mächtig vorgestellt, wie Sonne, Wind, Felsen und Pflanzen mir nahe kommen und Freund werden würden. Nun sah das alles anders aus. Die wilde Natur hatte mir keinerlei Gastlichkeit angeboten.«[26] Der Erzähler kämpft sich noch ein paar Tage weiter durch Dornengestrüpp, Sonnenbrand und Hungerfantasien, bis er langsam eine Veränderung mit sich spürt. »Während dieser Zeit schälte und erneuerte sich meine Haut, ich gewöhnte mich

---

[26] Hermann Hesse, In den Felsen, in: Materialien zu Hermann Hesses Siddharta, hrsg. v. Volker Michels, Frankfurt a. M. 1986, S. 296f.

Hermann Hesse

an Nacktsein, hartes Liegen, an Sonnenhitze und kalten Nachtwind. Während ich zu erliegen glaubte, wurde ich fest und zäh, freilich ohne es sofort zu fühlen. […] Doch habe ich auch die Kunst gelernt, einen halben oder ganzen Tag gar nichts zu tun, auf einem Felsen zu sitzen, der von Sonne glüht, die Bildungen der Moose zu betrachten und zu warten, ob etwa ein Sperber vorüberfliegt. […] Aber wie steht es mit meinen Gedanken? Ich hatte erwartet, sie würden stillestehen oder ganz anders werden. Doch sind sie dieselben geblieben.«[27]

[27] A.a.O., S. 300ff.

Hermann Hesse erwähnt Gusto Gräser nie, aber die ganze Situation weist auf Erfahrungen hin, die er in Arcegno gemacht haben könnte, zumal es auch ein Gedicht von Hesse gibt mit dem Titel:

Bei Arcegno

Hier ist mir jeder Wegesrank vertraut,
Ich geh den alten Eremitensteig,
Der zage Frühlingsregen tröpfelt sacht,
Im kühlen Wind aufflimmert Birkenlaub,
Braunspiegelnd widerglänzt der nasse Fels ...
O Fels, o Pfad, o Wind und Birkenlaub,
Wie duftet ihr den alten Zaubererernst,
Du keusches Land, wie flüchtet deine Anmut
Scheu hinter Fels und rauhe Schattenkluft!
Dazwischen blüht aus rötlich kahlem Wald
Der wilde Kirschbaum selbstvergessen hin.
Hier ist mein heiliges Land, hier bin ich hundertmal
Den stillen Weg der Einkehr in mich selbst gegangen
Und geh ihn heute neu, mit anderem Sinn,
Doch altem Ziel, und geh ihn niemals aus.
Hier atmen falterhaft Gedanken fort,
Die ich vor Jahren hier in Fels und Ginster,
In Sonnenhauch und Regenwind erjagt –
Nimm hin, du Stein und Bach und Birkental,
Nimm wieder hin ein aufgetanes Herz[28]
[...]

In einem Brief an Paul Gundert hat Hesse die »Locarneser Gegend, wo ich schon so viel geeinsiedelt habe« erwähnt.[29] Viele von Hesses Figuren machen den Versuch, in Lebenskrisen die Gesellschaft zu verlassen, in der Einsamkeit ein anderer zu werden. In *Der Weltverbesserer* zieht sich Berthold Reichardt in ein abgelegenes Haus zurück, in dem er das ganz einfache naturnahe Leben erprobt; wie viele eremitisch lebende Menschen erhält er im Laufe des Sommers den Besuch von Stadtflüchtigen, die unschwer als genau die »Sonderlingsexistenzen« zu erkennen sind, die auch vom Monte Verità angezogen wurden. Eine ganze Reihe

---

[28] Hermann Hesse, *Gedichte*, Frankfurt a. M. 1977, S. 436
[29] Hermann Hesse an Paul Gundert, in: *Gesammelte Briefe*, Band 1, Berlin und Frankfurt a. M. 1973, S. 374

von ihnen stellt er vor, darunter sind solche, die über die Gefahren des Alkohols predigen, ein Wunderheiler, ein junger Russe, von dem er nicht sagen kann, ob er ein Anarchist oder ein Heiliger war.

»Bald nach ihm erschien ein halbnackter Vegetarier, der erste in einer langen Reihe, in Sandalen und einer Art von baumwollener Hemdhose. Er hatte, wie die meisten Brüder seiner Zunft, außer einiger Arbeitsscheu keine Laster, sondern war ein kindlicher Mensch von rührender Bedürfnislosigkeit, der seinem sonderbaren Gespinst von hygienischen und sozialen Erlösungsgedanken ebenso frei und natürlich dahinlebte, wie er äußerlich seine etwas theatralische Wüstentracht nicht ohne Würde trug. Dieser einfache, kindliche Mann machte Eindruck auf Reichardt. [...] Sein oberstes Gebot war: ›Du sollst nicht töten!‹ was er nicht nur auf Mitmenschen und Tiere bezog, sondern als eine grenzenlose Verehrung alles Lebendigen auffaßte. [...] Berthold hatte, trotz der offenkundigen Untiefen eine gewisse Freude an dieser idyllischen Philosophie, die er noch von manchen anderen Verkündern in anderen Tönungen zu hören bekam, und er hätte ein Riese sein müssen, wenn nicht allmählich jedes dieser Bekenntnisse ihm, der außerhalb der Welt lebte, Eindruck gemacht und sein eigenes Denken gefärbt hätte. Die Welt, wie er sie jetzt sah und nicht anders sehen konnte, bestand aus dem kleinen Kreis primitiver Tätigkeiten, denen er oblag, darüberhinaus war nichts vorhanden als auf der einen Seite eine verderbte und daher von ihm verlassene Kultur, auf der anderen eine über die Welt verteilte kleine Gemeinde von Zukünftigen, welcher er sich zurechnen mußte und zu der auch alle Gäste zählten, deren manche tagelang bei ihm blieben. [...] Sie waren das Salz der Erde. [...] Geheime geistige Kräfte hatten sich mit ihnen verbündet, vom Fasten und den Mysterien der Ägypter und Inder bis zu den Phantasien der langhaarigen Obstesser und den Heilungswundern der Magnetiseure oder Gesundbeter.«[30]

Wie in vielen anderen Geschichten von Hesse gibt es auch hier eine Art Propheten, unter dessen Einfluss Berthold sein bürgerliches Leben verlässt. Vieles an der Gestalt und Ethik dieses »Apostels« erinnern stark an Gusto Gräser, anderes wieder gar nicht; und die Haltung des Erzählers ist ambivalent – Bewunderung und Ablehnung des Mannes werden gleichermaßen deutlich. Dem Gräser-Forscher Hermann Müller ist zu verdanken, dass er die Aufmerksamkeit auf die Beziehung von Gräser und Hesse gelenkt hat und in vielen Fällen auch Einflüsse und motivische Verknüpfungen sichtbar gemacht hat, wie zum Beispiel das zentrale Bild des Sperbers im *Demian* und vieles andere. Dafür gibt es einen schlüssigen Hinweis:

---

[30] Hermann Hesse, *Der Weltverbesserer*, Frankfurt a. M. 2001, S. 88ff.

Postkarte von Gusto Gräser an Hermann Hesse
»... nun war es ein Raubvogel, mit einem scharfen kühnen Sperberkopf ...«
(Hermann Hesse, *Demian*)

Hermann Müller hat in seinem Archiv akribisch alle Lebensspuren von Gusto Gräser gesammelt und erklärt ihn zum Guru Hermann Hesses. Das ist eine gewiss mögliche und verführerische Sichtweise, die allerdings in ihrer Monokausalität viele andere Einflüsse ausschließt, auch die Wechselwirkung nicht mitbedenkt, die Hesse vielleicht auf Gräser hatte. Alle fiktionalen Figuren in Hesses Werk sind offensichtlich aus verschiedenen Vorbildern zusammengesetzt, oder die Charakteristika eines Vorbilds werden auf verschiedene Figuren verteilt (wie auch im *Weltverbesserer*). Dass Hesse aber Gusto Gräser gut gekannt hat und bestimmte Erkenntnisse und Erfahrungen durch ihn gewonnen hat, ist evident.

Für Hesse bedeutete der existentielle Selbstversuch zugleich etwas Körperliches und etwas Geistiges, und er suchte einen Ausweg aus der europäischen Tradition immer wieder im östlichen Denken. Auch darin gab es eine Verbindung zu Gusto Gräser. Gleich nach Ende des Ersten Weltkriegs schickt Gräser seine Tao-Nachdichtung an Hermann Hesse und bittet ihn um seine Meinung.

Gusto Gräser an Hermann Hesse

Zürich, 30.12.18

Lieber Hermann Hesse,
mit diesem Brief geht eine Abschrift, Abtippung der nun notwendig, ja notwendig von mir hervorgesprochenen Sprüche Laotzes an Sie ab. Aus ersten und letzten Spuren, die ich von Ihnen antraf (Rückkehr), merk ich, dass Sie auch gutes Gehör für diese TAO=tonung haben werden – – –

Lieber, muss nicht allerlei (alles) beiseit gelassen werden, um der mütterlichen, der versöhnenden TAO=weisheit Eingang zu gewähren? Gibt es heute ein nötigeres Schaffen als das RAUM=schaffen? – Der BAUM des Lebens keimt und kommt ja doch nur von Selber. – Er gründet ein und grünet auf, wenn die Eisblöcke der Verstandes- und Gegenstandswirtschaft Ihm nicht mehr beklemmend im Wege stehn. – Drum Tauwind ins Winterland! TAO=wind in die hirnfrostig verfrohrene Welt!

Wär mir lieb, wenn ich die Sprüche mit aus- oder einsetzenden Randbemerkungen wiederbekäme. –

Sie sollen nicht unter meinem Namen hinaus, denn ich will alles tun oder alles lassen, was der unbefangenen Aufnahme im Weg stehen könnte. – Auch scheint, nein ist, der Geschäftsweg nicht der geeignete zu ihrer Mitteilung. Den Jünglingen gäb ich sie gern in die Hände, sie, die Beherzten sollten sie den Hungrigen und Durstigen bringen – sollten sich selbst mit ihnen nähren und wehren, sollten sie als Stab und Brod ergreifen. – Muss sich doch nun alles darauf sammeln, Freundschaft zu nähren, und Geschäft auszuhungern. Nicht?

Unterwegs nach Basel 3-1-19   Zürich 30-12-18

Lieber Hermann Hesse
 mit diesem Brief geht eine Abschrift, Abtippung der nun notwendig, ja notwendig auch von mir hervorgesprochenen Sprüche Laotzes, an Sie ab. Aus ersten und letzten Spuren die ich von Ihnen antraf, (Rückkehr) merk ich, dass Sie auch gutes Gehör für diese TAO=tönung haben werden ———

Lieber, muss nicht allerlei beiseit gelassen werden, um der mütterlichen, der versöhnenden TAO=weisheit Eingang zu gewähren? Giebt es heute ein nötigeres Schaffen als das RAUM=schaffen? — Der BAUM des Lebens keimt und kommt ja doch nur von selber. — Er gründet ein und grünet auf, wenn die Eisblöcke der Verstandes und Gegenstandswirtschaft Ihm nicht mehr beklemend im Wege stehn — Drum Tauwind ins Winterland! TAO=wind in die hirnfrostig verfrorene Welt!

Sie, Lieber, sind der dritte, dem ich die Sprüche schick. – Die ersten bekam meine Mutter, die zweiten Alfred Daniel aus Balingen, Würtemberg.

Daniel ist mir ein lieber Kamerad – hat den Dr. Advokat an den Nagel gehängt, um ohne die Schutzvorrichtung den innigen Menschen besser festigen, reinigen zu können. Augenblicklich ist er für kurz in München.

Ich bin nun hier – kam, weil mir Ascona ohne Kameraden betrübend wurde, und um mit Hilfe der Bücher hier, die Sprüche soweit fertig zu schreiben. Nun bereit ich mich, um dem Ruf nach Deutschland gut, also baukräftig gesammelt, folgen zu können.

Wertvoll wäre es mir sehr, wenn, bevor ich anderes ergreife, mich anderes ergreift, dies Spruchbuch im Weg wär.

Wie passt Ihnen wohl diese Aufgabe? Können Sie's wohl als auch Ihre ergreifen? – – –

Auf Wiedersehen! Gusto Gräser

Gusto Gräser in Berlin 1928

Auf diesen Brief gibt es keine erhaltene Reaktion von Hesse. Im Jahr zuvor hatte die Schweizer Zeitung *Der Bund* einen Artikel über Gusto Gräser veröffentlicht, aus dem hervorgeht, dass er immer wieder mit der Polizei in Konflikt gekommen war, sowohl in Deutschland als auch in der Schweiz. In Kriegszeiten war ein langhaariger Militärverweigerer in Sandalen und Sackleinen, der Frieden predigte und Gewalt verdammte, ein öffentliches Ärgernis. In dem Artikel wird auch um Spenden für die zehnköpfige Familie geworben, die Hermann Hesse für ihn entgegenzunehmen bereit wäre.

Als ihm ein paar Jahre später (1926) auch aus München die Ausweisung droht, setzen sich verschiedene Münchner öffentlich für sein Aufenthaltsrecht ein, darunter auch der damalige Stadtbibliotheksdirektor Hans Ludwig Held, der Nervenarzt Arthur Ludwig und die Schriftsteller Michael Georg Conrad, Hermann Bahr und Thomas Mann, der über ihn sagte: »Dieser Mann ist reinen Herzens und liebt Deutschland. Er meint es gut und freundlich mit uns, und gut und freundlich sollte man ihm begegnen.«[31]

---

[31] Monacensia Literaturarchiv und Bibliothek, München, Nachlass Gusto Gräser

Kapitel 2
Anarchie und Boheme: »Laßt uns chaotisch sein!«[32]

Das Café Stefanie

Es wird wohl 1905 gewesen sein, daß ich zum ersten Male einige Zeit angemeldeter Einwohner Münchens und selbstverständlich Schwabings war. Zum Stammlokal wurde das Café Stefanie gewählt, an der Peripherie des Künstlerviertels, im Münchener Quartier latin gelegen. Hier verkehrten massenhaft Maler, Schriftsteller und Genieanwärter jeder Art, auch viele ausländische Künstler, Russen, Ungarn und Balkanslawen, kurz das, was der Münchener Eingeborene in dem Sammelnamen »Schlawiner« zusammenfaßt. [...] Im Allgemeinen war die Langhaarigkeit der Schwabinger Männer so wenig wie die Kurzhaarigkeit vieler Schwabinger Frauen – Lotte Pritzel und Emmy Hennings brauchten den Bubikopf nicht erst von der Mode geschnitten bekommen – noch die Samtkittel der Schwabinger Maler ein wichtiges Kennzeichen Schwabings. Kennzeichen war nur, daß jeder seine Aufmachung selbst bestimmte. [...] Uniformität gab es höchstens in dem

Erich Mühsam

---

[32] Erich Mühsam, in: *Revolution*, Zeitschrift Nr. 1, hrsg. von Johannes R. Becher, München 1913, S. 2

Ästhetenzirkel um Stefan George. Dort trug man hochgeschlossene Westen mit schwarzen Krawattentüchern bis zum Kinn und dünne silberne Ketten, die um den Hals gelegt waren und in einer Westentasche verschwanden. Das gehörte zu der Weihe, zu welcher die Zugehörigkeit zu jenen Kreisen verpflichtete; denn so trug sich der Meister selbst, dem Franziska zu Reventlow, »die Gräfin«, respektwidrig den Namen »Weihenstefan« angehängt hatte. [...] Jeder Mensch ist ein Eigener, aber wer es zeigt, heißt anderswo ein Sonderling. Schwabing war eine Massensiedlung von Sonderlingen und darin liegt seine pädagogische Bedeutung. [...] Ich denke an Faschingsnächte von maßloser Ausgelassenheit und an Menschen von seltsamen Gehaben, aber genialer Beweglichkeit des Geistes, so an den Psychiater Dr. Otto Groß, den bedeutendsten Schüler Sigmund Freuds, dem es wohl zu danken ist, daß die Psychoanalyse aus der einseitigen Betrachtung des Lebens von der sexualen Seite herausfand zur Erkenntnis der sozialen Bedingtheit des seelischen Erlebens.«[33]

Als Erich Mühsam (1878–1934) zum ersten Mal für längere Zeit nach München kam, war er kurz zuvor in Ascona gewesen, wo er auch seine berühmte Ascona-Broschüre geschrieben hatte, die 1905 erschien. Man kann sich leicht vorstellen, wie Mühsam die Geschichten vom Berge in den Caféhäusern von München weitertrug und verbreitete, und auf welche Bereitschaft sie unter den Bohemiens von Schwabing stießen. (Fast alle hier Genannten werden auch früher oder später in Ascona auftauchen.) Es war noch die legendäre Zeit von Schwabing als Zentrum der künstlerischen Avantgarde, als Sammelpunkt der Opposition gegen das Deutschland Kaiser Wilhelms, der Ort der Befreiung von bürgerlichen Zwängen und der erotischen Rebellion. Die Kosmiker Klages, Schuler und Wolfs-

Fanny zu Reventlow mit ihrem Sohn Rolf, genannt Bubi

[33] Erich Mühsam, *Unpolitische Erinnerungen*, Berlin o. J., S. 112ff.

Der damals noch sehr junge Franz Hessel und Karl Wolfskehl schickten Franziska zu Reventlow eine Postkarte aus Basel, wohin sie offenbar zum Zionistenkongress 1903 gefahren waren.[34]

kehl hatten über die Wiederentdeckung von Bachofens »Mutterrecht« das Ideal des Matriarchats proklamiert, und Ludwig Klages hatte die Gräfin Reventlow zur »heidnischen Heiligen« und Hetäre erklärt; da sie auch Mutter eines Kindes war, dessen Vater sie verschwieg, sich selbst aber und das Kind keineswegs versteckte, verwirklichte sie für die Kosmiker das Ideal ihrer matriarchalen Sehnsüchte. Fanny zu Reventlow wurde zur Gräfin von Schwabing und blieb es auch nach dem Kosmikerkrach (1903), der sich unter anderem gegen den Juden Wolfskehl richtete und in dem sie (und auch Stefan George) vehement für ihn Partei ergriff.

Ein paar Jahre später wird sie auch die Gräfin von Ascona sein, wie man sehen wird. Die Gründung der Vegetabilischen Siedlung auf dem Monte Verità hatte sich gewiss schon in Schwabing herumgesprochen; die Kunde von befreitem, unbürgerlichem Leben, von Naturmenschen, Esoterikern und Spinnern musste die Neugier der Boheme erwecken.

[34] Postkarte, Monacensia, Nachlass Franziska zu Reventlow

Erich Mühsam in Ascona

Die Botschaft, die Mühsam von dort mitbrachte, war nicht die Begeisterung über ein für ihn zweifelhaftes Lebensreformprojekt, sondern die Vorstellung, in Ascona etwas ganz anderes anfangen zu können, eine herrschaftsfreie Gesellschaft zu versuchen und sich auf die anarchistische Geschichte der Gegend zu beziehen – auf den russischen Revolutionär und Anarchisten Michail Bakunin zum Beispiel, der 1869 aus Genf kommend sich aus verschiedenen Gründen nach Locarno zurückgezogen hatte.

Michail Bakunin an N. P. Orgajow[35]

Michail Alexandrowitsch Bakunin

2. Oktober 1869. Locarno. Nun, Freund Aga, bin ich einfach ins Paradies übersiedelt. Stelle Dir vor, nach der trockenen und eng prosaischen Atmosphäre Genfs Italien mit all seiner anmutigen Wärme, Schönheit und primitiven kindlich-lieblichen Einfachheit. [...] Die Wohnung besteht aus vier prächtigen Zimmern, nach der Sonnenseite gelegen, sie ist möbliert, mit drei Betten, Wäsche, Geschirr und mit einer herrlichen, im Garten liegenden Küche, mit wunderbar schöner Aussicht auf den Lago Maggiore, alles für 55 Frank monatlich; [...] Hier scheint alles um die Hälfte so billig wie in Genf zu sein und wie behaglich, wie frei, wie einfach, wie schön. Kurz, einfach ein Paradies. Zwar gibt es hier im Sinne der Bourgeois keine Gesellschaft. In *unserem Sinne* aber eine sogar vortreffliche. Ich habe hier einen Freund – meine Vorsehung – Angelo Bettoli, Armajuolo, d. i. Waffenschmied, ein erprobter, bei Mazzini sehr beliebter Mazzinist, der mich wie einen Bruder empfing und mich zum Mittagessen mitnahm; [...] Du siehst, daß ich mich ganz einfach in einem exaltierten Zustand befinde, und ich befürchte nur eines: nämlich, daß die Weichheit des Lebens und der Luft in mir die Wildheit der sozialistischen Schonungslosigkeit verringern und lindern werde. [...] Hier ist volle Freiheit für jede politische Tätigkeit (nur nicht für die Internationale) und

---

[35] Michail Bakunin, *Gott und der Staat*, Reinbek bei Hamburg 1969, S. 27

selbstverständlich für die russische Propaganda. [...] Aus Europa kommt die Post zweimal täglich, aus Italien viermal. Könnte man nicht die Buchdruckerei nach Lugano oder noch lieber hierher, nach Locarno, verlegen? [...]

Schon bei Bakunin werden verschiedene Gründe für die Wahl des Ortes sichtbar, die sich später bei vielen der Ankömmlinge wiederholen. »An seinem Beispiel sehen wir aber auch gleich, wie verworren die Geschichte ist, dass die Motivationen nicht nur immer dieselben sind, also der Süden als Projektionsfläche einer Utopie, sondern sehr verquickt mit der persönlichen Biografie«, so Harald Szeemann. »Bei Bakunin ist es so: Er ist in diesen Jahren vor 1869 der große Gegenspieler von Marx, er vertritt die antiautoritäre Position, er ist gegen das Parteiwesen, er ist gegen eine Diktatur des Proletariats, er ist für die Phantasieanteile im Gehirn jedes einzelnen, er ist Anarchist, und seine Utopie ist eben die mündige Menschheit, die die Herrschaft nicht mehr nötig hat: die herrschaftslose Gesellschaft.«[36]

Bakunin (1814–1876) hatte ebenso politische wie auch private Gründe, sich ins Tessin zurückzuziehen, und dazu kommen zwei Aspekte, die fast in all den Biografien der Zuwanderer eine Rolle spielen: dass der Süden ein billigeres Leben ermöglichte, der andere ist meist eine angeschlagene Gesundheit oder eine Krise, die man im milden Klima und mit einer radikalen Umstellung des Lebens überwinden möchte.

Am 18. August 1904 schreibt Mühsam an Julius Bab, wie es zu seinem ersten Besuch am Monte Verità gekommen ist: »Ich machte diese denkwürdige Tour in Gemeinschaft mit meinem Freunde *Johannes Nohl*, dem vollendetsten und seiner ganzen Natur nach selbstverständlichsten Zigeuner-Typen, der mir in meinem Leben begegnet ist, einem Berliner Professorensohn [...], dessen Name von dem meinen zu trennen nicht mehr angängig ist. [...] Am dritten Tag entdeckte ich, daß mein Portemonnaie nur noch 20 Franken enthielt – und bis Capri, wo Hanns Heinz Ewers, Ernst von Wolzogen und noch mehr Bekannte lebten, sollte die Reise gehen. [...] Zu den von mir Angepumpten gehörte ein Berliner Arzt, der zu meinem nicht geringen Erstaunen vom ›Monte Verità‹, einem vegetarischen Sanatorium bei Ascona am Lago Maggiore 50 Lire schickte.«[37]

Erich Mühsam und Johannes Nohl folgten der Einladung von Raphael Friedeberg (1863–1940) und fanden sich unverhofft auf dem Monte Verità wieder. »Der Vater der Askoneser Anarchisten war lange Zeit hindurch Dr. Raphael Friedeberg. Er war einst Arzt in Berlin und sozialdemokratischer Reichstagsabgeordneter«, schreibt der Chronist Emil Szittya, »eine Zeitlang hat er jeden Anarchisten, der

---

[36] Harald Szeemann, Rede zur Eröffnung der Berliner Monte-Verità-Ausstellung 1979
[37] Erich Mühsam, *Briefe an Zeitgenossen*, Berlin 1978, S. 22ff.

in das Dorf kam, materiell unterstützt. Es lebte zeitweise eine ganze anarchistische Kolonie bei ihm.«[38]

Als Mühsam und Nohl (1882–1963) bei ihm ankamen, riet er Mühsam erstmal zu einer Kur in Oedenkovens Sanatorium, das Mühsam sofort in »Salatorium« umtaufte. »So wurde ich zu den Rohköstlern gesteckt und mir eine ›Lufthütte‹ als Behausung zugewiesen. Von früh bis spät kaute ich nun Äpfel, Pflaumen, Bananen, Feigen, Wall-, Erd- und Kokosnüsse – es war schauderhaft, und ich fühlte meine Kräfte schwinden. Vierzehn Tage hielt ich's aus, dann ging ich zum Direktor und klagte ihm, daß ich dabei zugrunde gehen müsse. ›Oh‹, sagte der, ›das ist nur die Krise, die muß jeder durchmachen.‹ ›Aber‹, meinte ich, ›wenn ich nun die Krise nicht überstehe? Wenn ich dabei auf der Strecke bleibe?‹ Herr Oedenkoven sah mich strenge an: ›Das kann ja sein; aber dann ist gar nichts an Ihnen verloren!‹«[39]

Daraufhin tat Mühsam das, was alle Abtrünnigen taten, er ging ins Dorf, aß Beefsteak und trank Wein. In seiner Ascona-Broschüre begründet er seine Kritik an der Entwicklung der alternativen Siedlung zum Sanatorium genauer und in Kenntnis ähnlicher Unternehmungen in Berlin (zum Beispiel der »Neuen Gemeinschaft« der Brüder Hart), die gemessen an ihrer ursprünglichen Idee gescheitert waren. »Ganz ähnlich war es auf dem ›Monte Verità‹. Der Vegetarismus wurde zu einer menschheitsbefreienden Idee aufgepustet,

Erich Mühsam (rechts) und Raphael Friedeberg bei der alten Felsenmühle

---

[38] Emil Szittya, *Das Kuriositäten-Kabinett*, Reprint Berlin-West 1979, S. 100f.
[39] Erich Mühsam, *Unpolitische Erinnerungen*, S. 98

und als die Beteiligten aus dieser recht irrelevanten Weltanschauung heraus ihre sozialen Träume nicht verwirklichen konnten, versuchte man es mit der ganz unmöglichen Verquickung eines ethischen Prinzips mit einem kapitalistischen Spekulationsunternehmen.«[40]

Es ist nicht überraschend, dass der geborene Stadtmensch und Caféhausbewohner Mühsam dem asketischen Leben nicht viel abgewinnen kann, wohl aber der Landschaft, die er geradezu schwärmerisch beschreibt. Und immerhin hat er sich so weit auf das »natürliche« Leben eingelassen, dass wir ihn auf einer Postkarte des Sanatoriums Monte Verità in romantischer Umgebung am Wasserfall bei der verfallenen Mühle (Mulino del Brumo in Arcegno) nackt auf dem Mühlrad sitzen sehen, zusammen mit Dr. Raphael Friedeberg, ebenfalls nackt im Vordergrund. Verschiedene andere Personen sind im Laub versteckt, vorne könnte Mühsams Freund Johannes Nohl stehen. Die Aufnahme stammt von 1904/05. Ida Hofmann beschrieb die beiden Anarchisten als »zwei im Großstadtleben heruntergekommene Figuren, erfüllt von gepriesenem Gedankenleben und verkehrter Lebenslust. Lotte Hattemer und Elly Lenz, eine weitere Ansiedlerin, haben diesem Freundespaar die Pforten ihres Heims geöffnet, um ihnen in althergebrachter Weiblichkeit die praktischen Daseinswege zu erleichtern. Sie leben bald kommunistisch, bald voneinander getrennt, schwärmen für Individualismus und Nietzsche.«[41]

Etwas, das Mühsam auffällig von den meisten Monteveritanern der ersten Jahre unterscheidet, ist sein Interesse an den Dorfbewohnern von Ascona und seine Freude, mit ihnen zu verkehren. »Man stelle sich einmal vor, in einer deutschen Kleinstadt geriete ein Italiener, mit Anzug à la Gustav Nagel (die Tracht der Vegetarier hat Nohl aus Zweckmäßigkeitsgründen angenommen; mehr aber auch nicht), in eine Arbeiterkneipe, setzte sich zu den Leuten an den Tisch und begänne mit ihnen zu radebrechen. Welches Spottgejohl würde sich erheben! – Hier sind die Menschen anders. Hier ist es sogar möglich, dass der alte Trottel Paolo [...] Abend für Abend in einem besuchten Lokal sitzt und sein Süppchen schlürft, ohne daß er je ein rauhes Wort vernimmt. Wie würde wohl in Deutschland ein Idiot behandelt werden, der grinsend sich in eine Wirtschaft setzte, wo selbst der Herr Bürgermeister verkehrt!

Wie freuen sich die Leute hier, wenn Nohl und ich in ihren Rundgesang des Caserio-Liedes[42] mit einstimmen oder mit ihnen würfeln und uns an ihren harmlosen Kartenspielen beteiligen. Zumal wir die einzigen der hier lebenden Deutschen sind, die sich mit den Eingeborenen näher abgeben, abgesehen von

---

[40] Erich Mühsam, *Ascona*, Berlin o. J., S. 23
[41] Ida Hofmann, *Monte Verità*, S. 80
[42] Anarchistische Hymne von Pietro Gori

dem tauben Baron von R[echenberg], mit dem ja aber für die Leute eine Verständigung völlig ausgeschlossen ist.«

Die Liberalität der Tessiner Bürger und Behörden erfreut Mühsam und lässt ihn auf eine Idee kommen, die diese Liberalität auf die äußerste Probe gestellt hätte:

»Ich glaubte einmal, Ascona sei der geeignete Ort, um hier eine kommunistische Siedlungsgenossenschaft in großem Maßstabe zu versuchen, [...] die Idee hierzu stammt von Gustav Landauer, der sie zuerst in einer Berliner Zionisten-Versammlung aussprach und entwickelte – so ist doch Ascona nicht der rechte Fleck dazu. [...] Mir scheint Ascona zu einem weit erstrebenswerteren, wenn auch neuen und recht absonderlichen Experiment der geeignete Ort zu sein. Die Menge außergewöhnlicher Erscheinungen, die schon jetzt hier ihren Wohnort haben, in Verbindung mit dem duldsamen, freiheitlichen Charakter der eingesessenen Bevölkerung [...] prädestinieren Ascona zu einer Sammlungsstätte solcher Menschen, die aufgrund ihrer individuell gearteten Veranlagung ungeeignet sind, jemals nützliche Mitglieder der kapitalistischen menschlichen Gesellschaft zu werden. [...] Die besten Elemente aller Nationen verkommen in Gefängnissen und Zuchthäusern. [...] Daher – mögen alle deutschen Betschwestern in keuschem Entsetzen die Augen verdrehen, – wünsche ich in tiefster Seele, Ascona möchte einmal ein Zufluchtsort werden für entlassene oder entwichene Strafgefangene, für verfolgte Heimatlose, für alle diejenigen, die als Opfer der bestehenden Zustände gehetzt, gemartert, steuerlos treiben, und die doch die Sehnsucht nicht eingebüßt haben, unter Menschen, die sie als Mitmenschen achten, menschenwürdig zu leben.«[43]

Die Utopie, das Lumpenproletariat in Ascona anzusiedeln, wurde nicht weiterverfolgt, dafür aber später von Mühsam wieder aufgegriffen, als er 1909 in München eine Gruppe innerhalb des »Sozialistischen Bundes« von Gustav Landauer organisierte, in der schließlich auch die »Politisierung der Verbrecher und Landstreicher« kläglich scheiterte.[44]

Für den Bürgermeister von Ascona jedenfalls war dieser Plan so erschreckend, dass er die ganze Auflage der Ascona-Broschüre aufkaufte.[45] Aber wenn man sie jetzt, ein Jahrhundert und zwei Weltkriege später, liest und die politischen Zustände bedenkt, die Mühsam immer wieder ins Gefängnis brachten und zahllose Menschen aus ihrem Heimatland vertrieben haben, die dann tatsächlich im toleranten Tessin eine Zuflucht gefunden haben, kann man seine Fantasien vielleicht nicht mehr so abwegig finden.

---

[43] Erich Mühsam, *Ascona*, S. 54 u. 57f.
[44] Siehe hierzu den Artikel von Ulrich Linse über Mühsam: Der Rebell und die »Mutter Erde«, in: Harald Szeemann (Hrsg.), *Monte Verità. Berg der Wahrheit*, S. 35
[45] Vgl. Robert Landmann, *Ascona – Monte Verità*, S. 165: »Durch diese entschlossene, heldenhafte Tat rettete er den Ruf Asconas.«

Otto Gross, Zweiter von links

Otto Gross: »Die kommende Revolution ist eine Revolution fürs Mutterrecht«

Als der österreichische Arzt, Psychoanalytiker und Anarchist Otto Gross (1877 bis 1920) im Jahr 1905 zum ersten Mal nach Ascona kam, begab er sich auf den Monte Verità, um sich einer Drogenentziehungskur zu unterziehen. In Ascona traf er auf Erich Mühsam, mit dem ihn etwas verband, das für beide eine Motivation zum Kampf gegen die Gesellschaft war: beide hatten »einen patriarchalisch-patriotischen Vater dessen Liebe sich in massivem Erwartungs- und Erziehungsdruck äußerte«[46]; beide flohen vor ihren Vätern und zogen einen Großteil ihrer politischen Aggressionen aus diesem Kampf gegen die Vaterwelt. Otto Gross' Vater Hans war der bedeutendste Kriminalistik-Professor in Österreich; sein ambivalentes und später geradezu hasserfülltes Verhältnis zu seinem

---

[46] Chris Hirte, *Erich Mühsam und Otto Gross: Rekonstruktion einer Begegnung*, in: Raimund Dehmlow und Gottfried Heuer (Hrsg.), *1. Internationaler Otto Gross Kongress*, Marburg und Hannover 2000, S. 18

Sohn wird noch zur Sprache kommen. Für beide, Gross und Mühsam, war die Verbindung von Vater und »Vater Staat«, dem Obrigkeitsstaat, ein Antrieb, die herrschaftslose Gesellschaft anzustreben – für Mühsam in erster Linie auf politischem Wege, was ihn frühzeitig mit den Gesetzen in Kollision brachte; für Otto Gross stellte sich schon in seinen ersten psychoanalytischen Überlegungen heraus, dass eine Abschaffung der patriarchalen Verhältnisse zugunsten eines Matriarchats nur über die Befreiung der Frau denkbar wäre, und zwar vor allem über die sexuelle Befreiung.

Freud, dessen Schüler Otto Gross gewesen war, wollte die Psychoanalyse nicht als politisches Mittel zur Revolution gehandhabt sehen und distanzierte sich von Otto Gross. (»Wir sind Ärzte und Ärzte wollen wir bleiben.«[47])

»Otto Gross legte die inneren Konflikte seiner Generation offen und machte sie als Epochenkonflikte kenntlich, statt sie als Krankheitssymptome zu disqualifizieren.«[48] Bei aller gegenseitigen Hochachtung spielte hier auch ein persönlicher Kampf um die Grundsätze und die Deutungshoheit hinein. Das Verhältnis zwischen Freud, Otto Gross und auch Carl Gustav Jung war komplex und von Eifersüchten vergiftet, darauf soll hier nicht eingegangen werden.

Die Nähe von Mühsam und Gross blieb in den nächsten Jahren auch in Schwabing bestehen. Johannes Nohl war immer dabei. Mit Gross' Erscheinen auf dem Monte Verità sind verschiedene Uranliegen der Gründer wieder aufs Tapet gekommen – ein herrschaftsfreies Zusammenleben (was aber bei den Gründern nicht politisch gedacht war), die Befreiung der Frau aus bürgerlichen Zwängen (auf dem Monte Verità aber hieß das keinesfalls Promiskuität), der Tanz zur Befreiung der Seele in der Landschaft –, Gross aber ist sozusagen der Treibsatz, der alles verschärft und radikalisiert. Seine brillante Analyse des Vaterproblems öffnete einer ganzen Reihe von Autoren seiner Generation die Augen über ihr Leiden an der Gesellschaft; seine Befreiung der weiblichen Sexualität kam manchmal einem Planspiel gleich, in dem er die Hauptrolle spielte; der Tanz in der Natur verwandelte sich in »Orgien«, von denen die vielfältigsten Gerüchte in Ascona umliefen.

Die Polizei in Ascona hatte schon mit dem Eintreffen von Raphael Friedebergs anarchistischen Freunden ein Auge auf die Vorgänge am Ort geworfen; wir verdanken den regelmäßigen Berichten des Regierungskommissars Fr. Rusca allerlei Informationen über die Fremden, die in großer Anzahl eintrafen.

---

[47] Zitiert nach Emanuel Hurwitz, *Otto Gross – von der Psychoanalyse zum Paradies*, in: Harald Szeemann (Hrsg.), *Monte Verità. Berg der Wahrheit*, S. 113
[48] A.a.O., S. 32

Fr. Rusca an die Centralpolizeidirektion in Bellinzona

18. Juni 1906

Fr. Rusca, Regierungskommissar in Locarno
an die Centralpolizeidirektion in Bellinzona:

Was sie bis jetzt in Ascona getan und was sie überhaupt machen, weiß man nicht; eines nur ist gewiss, dass sie sich bei verschiedenen Familien einlogiert haben und sich täglich bald da bald dort vereinigen und anarchistische Reden führen. Vor noch nicht ganz zwei Wochen versammelten sie sich eines Abends in der Wirtschaft des Pietro Poncini in einem separaten Zimmer, wo das Nachtessen vorbereitet war. Es waren da wohl mehr als ein Dutzend Teilnehmer, und man bemerkte darunter Leute, die man sonst nie gesehen hat. [...] Wenn man den Aussagen eines jungen Kellners, der sie bedient hat und behauptet, etwas von der deutschen Sprache zu verstehen, Glauben schenken kann, so handelt es sich um die Gründung einer Gesellschaft, die das fremde anarchistische Element im Bezirk Locarno zusammenfassen sollte. Es sei dafür und dagegen geredet worden, und die Versammlung habe sich aufgelöst, ohne zu einem Resultat gekommen zu sein. [...] So kann doch aus dieser Mitteilung und an den Beobachtungen geschlossen werden, dass wir es da mit Fanatikern zu tun haben. [...] Ein gewisser Nohl, Giovanni, 22jährig, von Berlin war der nämliche, der die in der Wirtschaft Pietro Poncini in Ascona stattgefundene Versammlung präsidiert hat.[49]

Ruscas nächster Report fünf Tage später birgt neben einer interessanten Namensliste auch eine Information, deren Brisanz er nicht ahnt und die erst fünf Jahre später zu einem wichtigen Indiz wird:

23. Juni 1906

Fr. Rusca, Regierungskommissar in Locarno
an die Centralpolizeidirektion in Bellinzona:

Immerhin berechtigt das Verhalten der von mir signalisierten Gruppe zu einigem Misstrauen. Nachdem was mir diese Herren gesagt haben, waren ihre Beziehungen zu intim, dass man es lediglich als Freundschaft hätte auffassen können. Zu den schon genannten Personen (A. W. de Beauclair, [...] Fried-

---

[49] Original im Archivio Cantonale in Bellinzona. Zit. nach Ulrich Linse, Der Rebell und die »Mutter Erde«, in: Harald Szeemann (Hrsg.), *Monte Verità. Berg der Wahrheit*, S. 28f.

Der Anarchist und Maler Ernst Frick

rich Wilh. Robert Klein, Johannes Nohl, Anna Haag und Sophie Benz) sind noch folgende zu nennen: [...] *Erik Mühsam (München), Frank Leonhard [...], Dr. Gross* von Graz. Dieser Letztere war der Wohlhabenste und verließ Ascona als einer der ersten, aus dem Auslande sandte er Geld der bereits genannten Haag. Kaum war er fort, schrieb er von Mailand aus seinem Logisgeber in Ascona, er habe ein Päckchen in seinem Zimmer vergessen, man solle es sofort vernichten und zwar mit möglichster Vorsicht, weil es Gift enthalte. Da dieser Umstand einige Wichtigkeit haben könnte, teile ich dies auch mit ... P. S. *Frick* befindet sich in Ascona / Haus Bacchi.[50]

Alexander Wilhelm de Beauclair (1877–1962) kam als Maler nach einer Wanderung durch den Balkan auf den Monte Verità und wurde Oedenkovens erster Sekretär und Verwalter;[51] es überrascht ein bisschen, ihn hier im Kreis der Anarchisten anzutreffen. Der Maler und spätere Schriftsteller Leonhard Frank (1882–1961) war einer der Stammgäste des Café Stefanie, wo er im Jahr zuvor schon die folgenreiche Bekanntschaft von Otto Gross gemacht hatte, ebenso wie die von Nohl und Mühsam; in der Malschule von Ažbe war er mit Sophie Benz zusammen gekommen. Der Schweizer Ernst Frick (1881–1956) stand unter besonderer Beobachtung der Polizei; er war Gewerkschaftler und gab die anarchistische Zeitschrift *Der Weckruf* heraus. Er war in den folgenden Jahren an zwei Sprengstoffattentaten in Zürich beteiligt. Alle hier Genannten hatten ein intensives Verhältnis zu Otto Gross, das in den kommenden Jahren zu allerlei Beziehungsdramen führte, wie man noch sehen wird. Aber die brisante Mitteilung von Fr. Rusca betraf die plötzliche Abreise von Otto Gross unter Hinterlassung des Giftes.

---

[50] A. a. O., S. 110
[51] Seine Tochter Enrichetta Rogantini de Beauclair aus zweiter Ehe lebt heute noch auf dem Monte Verità und hat in den letzten dreißig Jahren das Museum in der Casa Anatta betreut.

Lotte Hattemer

Lotte

Lotte Hattemer, die sich unter den Gründern des Monte Verità befunden und dann sehr bald einen eigenen Weg in die Einsamkeit gesucht hatte, als ekstatisch und asketisch beschrieben, vielleicht von religiösem Wahn befallen, war madonnenhaft schön in ihren langen Kleidern und Blumenkränzen und wurde im Dorf wie eine Heilige verehrt. »Sie fand das Treiben ihrer Kameraden lärmend und zog sich von den zu lauten Idealisten zurück. Lebte in einem ruinenhaften Haus. Schlief auf bloßem Stein. Aß nur rohe Wurzeln. Jede Nacht kletterte sie auf einen Berggipfel. Klaubte trockenes Reisig zusammen. Legte ein große Feuer an und siebte die Asche, wobei sie jammervoll schrie: ›Mein Gott, es ist noch nicht fein genug!‹ Die St. Lotte von Askona endete nicht ganz so, wie es sich für eine Heilige ziemt. [...] Einmal packte Lotte der Heilige Geist, und sie vergiftete sich.«[52] Emil Szittya ist kein sehr verlässlicher Chronist, aber Lotte Hattemer war tot, und das Gerücht von ihrem Selbstmord erschütterte Ascona.

Der Schriftsteller Emil Ludwig (1881–1948), der mit seiner späteren Frau von zu Hause durchgebrannt und zum Monte Verità gefahren war, hatte sich auch in einem verlassenen Haus, nämlich dem von Elly Lenz, einquartiert. In seinen Memoiren *Geschenke des Lebens* erinnert er sich an den Tod von Lotte Hattemer, und er weiß aus nächster Nähe davon:

»Am entscheidenden Tag ihres Lebens lernten wir sie kennen. Verfroren, in Hemd und Rock, mit Augen wie ein flüchtendes Reh, saß sie eines Morgens im strömenden Regen auf unserer Steintreppe und bat, beinahe wortlos, um Schutz. Wir, damals unbekannt mit ihrem Namen, ihrem Schicksal, nahmen sie herein, fragten nicht viel, sie kroch auf den Boden. Als es dämmerte, der Regen hatte aufgehört, erschien ein schöner Mensch mit schmelzender Stimme und verlangte sie zu sehen, er war es, vor dem sie, nach ein paar Andeutungen, sich fürchtete. [...] Wir traten hinzu und boten ihr an zu bleiben. Sie schmiegte sich

---

[52] Emil Szittya, *Das Kuriositäten-Kabinett*, S. 92

an meine Frau und schien geborgen. Er ging, kehrte sich um, als er den Felsenweg über der Schlucht erreicht hatte, und rief mit seiner schmelzenden Stimme wiederum ihren Namen. Kein Halten, sie folgte ihm.

Am andern Morgen wurde sie in einem Haus im Dorfe, dort, wo der junge Mann wohnte, tot aufgefunden.«[53]

Was genau passiert war und was Johannes Nohl, der schöne junge Mann (er wurde in Ascona immer »Il poeta bello« genannt), damit zu tun hatte, ist nie herausgekommen. Das Gift stammte von Otto Gross, was aber erst fünf Jahre später öffentlich zur Sprache kommen wird.

Otto Gross' Rolle im Kreise der Münchner und Asconeser Bohemiens war ungeheuer einflussreich und gleichermaßen produktiv wie destruktiv. Es gibt kaum einen der schreibenden Zeitgenossen, der sich nicht über ihn geäußert oder ihn als Person in einen Roman eingeführt hätte (Leonhard Frank, Johannes R. Becher, Franz Werfel und andere), und es gibt offenbar nur wenige Frauen aus dem Umkreis, die nicht in seinen Bann geraten sind. Seine wissenschaftlichen Theorien und psychoanalytischen Thesen bargen eine solche Sprengkraft, dass sie nach seinem Tod 1920 schnellstens aus der öffentlichen Diskussion verdrängt wurden – seine »postume Okkultierung« nennt es Nicolaus Sombart;[54] erst Ende der 1970er-Jahre wurden sie durch Emanuel Hurwitz' Forschungen (*Otto Gross. Paradies-Sucher zwischen Freud und Jung*[55]) und durch Harald Szeemanns »Monte-Verità«-Ausstellung wieder in den Blick gerückt, und da wurde auf eindrückliche Weise sichtbar, dass Gross in vielen Gedanken der Vorläufer von Wilhelm Reich, der Anti-Psychiatrie und der Philosophie von Deleuze und Guattari (»Anti-Ödipus«) war. 1999 wurde die Internationale Otto Gross Gesellschaft gegründet, die seither in ihren Veröffentlichungen jeden Aspekt von Otto Gross' Leben und Werk untersucht.

Das Café Stefanie in Schwabing

»Gott und die Welt und das Leben«

Wie eng die wechselseitigen Beziehungen zwischen München und Ascona waren, ist in den Jahren zwischen 1905 und 1910 beson-

---

[53] Emil Ludwig, *Geschenke des Lebens*, Berlin 1931, S. 270f.
[54] Nicolaus Sombart, *Die deutschen Männer und ihre Feinde*, München/Wien 1991, S. 112
[55] Emanuel Hurwitz, *Otto Gross. Paradies-Sucher zwischen Freud und Jung*, Zürich 1979

ders deutlich. Erich Mühsam und Otto Gross mit seiner Frau Frieda lassen sich 1906 in München nieder und sind jederzeit im Café Stefanie zu erreichen. Johannes Nohl ist dabei. Auch der Schweizer Ernst Frick kommt nach München. Zum Kreis gehören auch die Kabarettistin Emmy Hennings (die später ganz ins Tessin ziehen wird, zusammen mit Hugo Ball), die Malerin Sophie Benz, der Maler und Schriftsteller Leonhard Frank, der das Café Stefanie in seinem autobiografischen Roman *Links wo das Herz ist* ausführlich beschreibt. Darin kommen sie alle vor, Otto Gross ist als Doktor Kreuz leicht zu erkennen, die in Ruscas Polizeibericht erwähnte Anna Haag ist auch im Café. Der Erzähler Michael ist ganz jung und am Anfang seiner Ausbildung in der Malschule von Anton Ažbe.

»Irgendwo im Haus oder im Himmel mußte ein Elektrizitätswerk sein. Die Gäste, angeschlossen an den Starkstrom, zuckten unter elektrischen Schlägen gestikulierend nach links und nach rechts vor und von den Polsterbänken hoch, die Augen aufgerissen im Kampf der Meinungen über Kunst. [...] Im Café Stephanie gab es Kreise. Der Magnet eines Kreises war Johannes Wohl [d.i. Nohl], ein innerlich wohlig ausgeglichener Oscar Wilde mit blauen Plüschaugen, der immer einen Strichjungen und einen Band Stefan George bei sich hatte. [...] Auch Doktor Kreuz hatte einen Kreis von Anhängern.

Doktor Kreuz, dreißig Jahre und verheiratet, hatte an der Grazer Universität Psychiatrie studiert. Die Oberpartie seines Gesichtes – blaue, kindlich unschuldig blickende Augen, Hakennase und volle Lippen, die immer ein wenig offen standen, als trüge er, lautlos keuchend, alles Leid der Welt – stimmte nicht überein mit der schwächlichen Unterpartie, dem Kinn, das nur angedeutet war und sich nach hinten ganz verlor. Wer das fanatische Vogelgesicht, das aus leicht getöntem Porzellan zu sein schien, einmal gesehen hatte, vergaß es nie. Doktor Kreuz kannte die Philosophie Nietzsches mit dem Herzen und war einer der frühesten Anhänger Freuds. [...]

Doktor Kreuz war ein kühn und original denkender Theoretiker und im Leben der Wirklichkeit der denkbar schlechteste Menschenkenner, kindlich, gutgläubig bis zur Blindheit. [...]

Michael setzte sich an seinen Tisch und bestellte bei Arthur Eier im Glas. Er hatte in den zwei Jahren, seit er in München war, viel gelernt, von Professor Nämlich [d.i. der Maler Anton Ažbe] in der Malschule und noch viel mehr im Café Stephanie durch die täglichen und meistens nächtelangen Diskussionen über Gott und die Welt und das Leben. [...] Das Café Stephanie war seine Universität, wo ihm Denkresultate geliefert wurden, und da das Schicksal ihm Zeit und Geld zum Studium der tausend dicken Bücher versagt hatte, mußte er sich aus eigenem die Vorstufen erarbeiten, um die Resultate zu besitzen. Er hatte sein Examen an der Universität Café Stephanie bestanden und war jetzt Professor mit einem Lehrstuhl an dem Tisch in der Nähe des Ofens. Bei Arthur Eier im Glas zu bestellen, die er nicht bezahlen konnte, hatte er ebenfalls gelernt. Arthur, der Lebensretter, schrieb auf in sein zerschlissenes Büchlein.«[56]

Auch Johannes R. Becher (1891–1958) kommt als ganz junger Mann, als Schüler noch, zum ersten Mal in das legendenumwobene Café Stefanie und stellt sofort fest, dass seine gutbürgerliche Kleidung fehl am Platz ist, was er schon beim ersten Besuch in der Toilette zu ändern versucht. Otto Gross ist bei Becher als Dr. Hoch zu erkennen, und der Ich-Erzähler macht ihn für sein erstes Drogenerlebnis verantwortlich:

»Mit einem an der Spitze abgebrochenen Zahnstocher schaufelte Dr. Hoch eine Prise des weißlich glitzernden Pulvers in die Nase.

›Sie schauen ja unanständig gesund aus, Herr, massieren Sie erstmal ihr Gehirn mit Kokain gefälligst, sonst muß ich jeden weiteren Verkehr mit Ihnen abbrechen. Bitte, Herr, bedienen Sie sich,‹ [...] und Doktor Hoch zustimmend, ›unanständig gesund‹, nahm ich von dem Pulver mit gespreizten Fingern, so wie ich dem Vater Schachmatt geboten hatte. Löste mich ab von mir, winkte ›Servus‹ und entschwand in eine kristallklare Glücksferne.«[57]

An anderer Stelle tritt auch der eben zitierte Leonhard Frank als Romanfigur auf, hier heißt er Stefan Sack:

»Es war Doktor Hoch gewesen, der geklopft hatte. Fröstelnd, trotz des warmen Maitags, nahm er unten auf Sacks Bett Platz. Doktor Hoch hielt den Kopf schief und zog das Pulver durch die Nase hoch, wobei er mir zuwisperte: ›Sie elender Verdränger, Sie, man wird Sie noch zum Tode verurteilen müssen wegen unauflösbarer Komplexe.‹ Aber schon verwickelte er Sack in ein Gespräch, und beide entwarfen, der eine den anderen in seinen Ausführungen bestärkend und ergänzend, ein Bild von der Zukunft der Menschheit, die den komplexfreien Menschen gehören würde, und in welcher die Menschen in Gruppen zu viert, zwei Männer, zwei Frauen, zusammenleben sollten, um jede Art von Verdrängung radikal zu beseitigen. Ein paradiesischer Zustand würde eintreten, wo es weder ›Vater‹ noch ›Mutter‹, weder ›Söhne‹ noch ›Töchter‹ gäbe, denn alle Kinder würden der Gemeinschaft gehören, ihr ausschließlich. Mit der Aufhebung des Mutterrechts habe die Gesellschaft den Weg zum Untergang beschritten, das Vaterrecht sei so eigentlich der Ursprung alles Reaktionären und des ›Mörders im Menschen‹.«[58]

Aus diesen Zitaten der beiden Autoren, die Otto Gross aus nächster Nähe gekannt haben, kann man sich ein ganz gutes Bild von den Gesprächen im Café Stefanie und den tage- und nächtelangen Daueranalysen von Gross machen, wenn wir nicht überhaupt vor allem durch diese Romane ein Bild von Gross

---

[56] Leonhard Frank, *Links wo das Herz ist*, Erstveröffentlichung 1952, hier München 1984, S. 11f., S. 29, S. 34
[57] Johannes R. Becher, *Abschied*, Berlin 1946, S. 346
[58] A.a.O., S. 351

haben. In Leonhard Franks Buch, in dem die faszinierende Seite von Gross, die intellektuell stimulierende, als erstes betont wird, kommt es im nächsten Schritt zu einem Befremden, das Michael, aus dessen Perspektive erzählt wird, sich stark von Kreuz / Gross distanzieren lässt. Doktor Kreuz, der ihn zu seiner ersten Liebe mit Sophie Benz ermutigt hatte, bemächtigt sich nun selbst des jungen Mädchens und bestimmt dann einen andern aus dem Kreis zu ihrem Liebhaber.

»Doktor Kreuz, für den Eifersucht ein Komplex war, hatte eine radikale Umgruppierung vorgenommen. Er hatte seine Frau, die er liebte und verehrte, dem Schweizer Anarchisten zugeteilt, der jungen Witwe Spela den Russen, dadurch war Fritz freigeworden, der ihm auf Grund der Ergebnisse der Analyse als der brauchbarste Partner für Sophie erschien.«[59]

Otto Gross, der »Liebesimmoralist« mischt auf, greift in die Innenstruktur der Liebe ein und strukturiert seine Umgebung um. Er schafft vorsätzlich immer wieder eine neue Liebesunordnung. Und was auf der einen Seite als Unheil oder Zerstörungsakt erscheint, wird von anderen als Befreiung empfunden.

Else und Frieda, Frieda und Erich, Otto und Else, Frieda und Ernst, Otto und Regina ...

Mit der Ankunft von Otto Gross in München erscheinen im Café Stefanie auch eine Reihe von Damen, die nicht zur Schwabinger Boheme gehören, und es beginnt ein verwirrender Liebesreigen. Seine Frau Frieda Schloffer (1876–1950) stammte wie er aus Graz, aus bürgerlich-akademischer Familie. Seit Internatszeiten war sie eng mit Else von Richthofen (1874–1973) befreundet, die die erste Doktorandin von Max Weber in Heidelberg gewesen war – sie war inzwischen mit dem Nationalökonomen Edgar Jaffé verheiratet, dem späteren Finanzminister in der Regierung Eisner. Bei einem Besuch von Frieda und Otto Gross bei Jaffés verliebten sich Else und Otto Gross. Else war keine Bohemienne und keine Begeisterte der erotischen Bewegung, aber Gross mit seiner »gewaltigen Suggestionskraft« hat offenbar Gefühle und Wünsche in ihr freigesetzt, die großen Einfluss auch auf ihr weiteres Leben – und sogar auf Max und Marianne Weber hatten.[60]

Als Frieda von Richthofen (1879–1956), verheiratet mit Ernest Weekley in England, ihre Schwester Else und die gemeinsame Freundin Frieda Gross in München besucht, entflammen auch sie und Otto Gross in großer Liebe zueinander, Otto Gross schreibt schwärmerische Briefe an sie, nennt sie »das voraus-

---

[59] Leonhard Frank, *Links wo das Herz ist*, S. 38
[60] Vgl. Martin Green, *Else und Frieda. Die Richthofen-Schwestern*, München 1996

Frieda Gross mit Baby Peter

Frieda von Richthofen (Weekley)

Regina Ullmann mit ihren beiden Töchtern Camilla (links) und Gerda um 1916. Camilla war die Tochter von Otto Gross

Else von Richthofen (Jaffé)

geträumte Weib der Zukunft«[61] und möchte sie zur Trennung von ihrem Mann bewegen. Frieda erhält offenbar durch Otto Gross den Anstoß dazu, sich aus ihrer Ehe zu befreien, aber sie tut es nicht für Otto Gross, sondern für D. H. Lawrence, in dessen Werk man viele Spuren von Gross entdecken kann. »Eine Muse der erotischen Imagination« nennt Martin Green Frieda von Richthofen.[62]

Frieda Gross hatte die Affaire von Otto mit Else noch freudig und tolerant begrüßt; als er nun weiterhin die Befreiung der Frauen analytisch und praktisch betrieb, war sie verletzt und dem Liebeswerben von Erich Mühsam zugänglich, der sie als die einzige wirkliche Liebe seines Lebens ansah – allerdings nur kurz, denn durch eine Intrige von Johannes Nohl (der vielleicht auch eifersüchtig war), kam das Verhältnis zu einem plötzlichen Ende. Otto Gross hielt nun den Anarchisten Ernst Frick für den passenden Partner seiner Frau, und tatsächlich lebte sie die nächsten zehn Jahre mit Ernst Frick zusammen in Ascona.

Es gibt eine Postkarte aus dem Café Stefanie von 1907, auf der die Namen von Else Jaffé, Edgar Jaffé, Otto Gross, Frieda Gross, Erich Mühsam, Regina Ullmann und Frieda Weekley vereinigt sind.[63] In diesem Jahr kam Frieda Gross' Sohn Peter zur Welt, ebenso Else Jaffés Sohn von Otto Gross (auch Peter); Regina Ullmanns Tochter Camilla von Otto Gross wird im folgenden Jahr geboren (1908). Die junge Dichterin Regina Ullmann (1884–1961) ist die einzige in diesem Umkreis, für die diese Geburt – und das Verschwinden von Otto Gross aus ihrem Leben – eine emotionale und finanzielle Katastrophe bedeutet; aber sogar sie wird später eine Geschichte schreiben, in der Otto Gross zu erkennen ist und ein Gefühl von Dankbarkeit in ihr wachruft: »Und in ihrem Selbstgespräch fuhr sie versonnen fort: ›Er hat mir die Zergliederung von Leib und Seele erspart und mich mir wieder zurückgegeben. Das ist viel, noch dazu, wo er bereits mit sich selbst verfallen ist und ein ›Zuspät‹ sich zurufen muß. Das ist viel, wenn einer rettet, wo er selber sich verloren gibt‹ [...].«[64]

Dieses ganze Liebeskarussell bräuchte uns nicht weiter zu interessieren, wenn es nur privat wäre. Es hatte auf einer anderen Ebene aber durchaus auch politischen Charakter, war subversiv im Hinblick auf die konventionelle (patriarchalische) Ehe- und Gesellschaftsstruktur und wurde zum Beispiel auch von Max Weber, dem einflussreichsten Soziologen seiner Zeit, durchaus so gesehen; die »erotische Rebellion« wurde von ihm zunächst strikt abgelehnt und dann doch,

---

[61] Raimund Dehmlow, Homepage www.dehmlow.de (24. April 2009), darin: Otto Gross, Veröffentlichung der Briefe von Otto Gross an Frieda Weekley
[62] Martin Green, a. a. O., S. 10
[63] A. a. O., S. 127
[64] Regina Ullmann, Konsultation, in: *Erzählungen. Prosastücke. Gedichte*, Band 2, München 1978, S. 177

vorsichtig, in Betracht gezogen. Sein späteres Zusammentreffen mit den »erotischen Frauen« war nicht folgenlos für sein Leben und für die Aufweichung seiner strengen Moralvorstellungen. Auch Max Weber kommt nach Ascona (1913 und 1914), um sowohl die Gräfin Reventlow in einem Rechtsfall zu beraten als auch Frieda Gross in ihrem Prozess gegen den Vater von Otto Gross zu unterstützen, davon später.

Söhne und Väter

Die Revolte der Söhne gegen die Väter war das beherrschende Thema des beginnenden 20. Jahrhunderts auf allen Ebenen, so auch in Kunst und Literatur. Von Hasenclevers Schaupiel »Der Sohn« bis Arnold Bronnens »Vatermord«, von Erich Mühsam, Georg Heym und Johannes R. Becher bis zu Kafkas »Brief an den Vater« begegnen einem Familienhöllen und unerträgliche Vater-Sohn-Beziehungen. In diesem Zusammenhang spielte die Frauenemanzipation eine wichtige Rolle, wie schon bei Ida Hofmann und zahllosen anderen Frauen. Bei Otto Gross verbindet sich nun beides, der Vaterkomplex und die Frauenbefreiung, in einer Radikalität, die für ihn mehr und mehr tragisch wird. Die wiederholten Versuche, seine Kokain- und Morphiumsucht loszuwerden, scheitern, eine Therapie bei C. G. Jung in Burghölzli endet mit der Flucht von Gross und der falschen Diagnose von Jung, der ihm eine Dementia praecox attestiert, was Gross praktisch als Arzt ruiniert; die Beziehung zu Sophie Benz (nach Regina Ullmann) endet mit Sophies Selbstmord 1911, das Gift stammt wieder von Otto Gross, und diesmal fällt den Behörden die Ähnlichkeit zu Lotte Hattemers Tod auf.

Jetzt richtet sich alles gegen Gross. In der Schweiz wird er wegen des Verdachts auf Mord und Beihilfe zum Selbstmord gesucht, sein Vater will ihn erst aus dem Verkehr ziehen und lässt ihn in eine Irrenanstalt einweisen, gleichzeitig prozessiert er um das Sorgerecht für seinen Enkel aus der Ehe von Frieda und Otto, bestreitet die Ehelichkeit der beiden nächsten Kinder (die von Frick stammen), behauptet die Unzurechnungsfähigkeit seines Sohnes. Otto Gross publiziert wissenschaftliche Artikel, die von den einen als genial, den anderen als anarchistisch subversiv angesehen werden. Die Absurdität, dass der Kriminalistik-Professor seinen Sohn durch halb Europa verfolgen lässt, bleibt niemandem verborgen. Aus der schlesischen Anstalt Troppau schmuggelt Otto Gross einen Brief an Maximilian Harden, der zur Veröffentlichung in der Zeitschrift *Die Zukunft* bestimmt ist. Darin nimmt Otto Gross zu den Vorwürfen um die Todesfälle von Lotte Hattemer und Sophie Benz Stellung. »Aber sein Plädoyer ist mehr als das: es ist der verzweifelte Aufruf eines Menschen im Kampf dafür, ernst genommen zu werden, sich nicht als Geisteskranker entwertet und sein ganzes Ideengut als Hirngespinst eines Verrückten pathologisiert sehen zu müssen«.[65]

In dem Brief teilt Gross als Erstes mit, dass sein Vater ihn unter Kuratel gestellt habe und sein Vater der Kurator sei.

»Ich bitte so innig, wie ein Mensch den Menschen bitten kann: Vor allem helfen Sie jetzt meiner Frau und ihren Kindern. Es ist mein absoluter Wille, daß Frida Gross in ihrem Recht als Mutter von Keinem angetastet werden soll. […] Mit der Entmündigung ist mir die Möglichkeit entzogen worden, ihr dieses Recht und ihre Freiheit weiterhin zu garantiren. […]

Ich glaube, daß ich das, was ich gethan habe und was geschehen ist, verantworten kann. […] Ich habe im Anfang des Jahres 1906 dem Fräulein Lotte Hattemer in Ascona auf ihr Verlangen das Gift gegeben, mit welchem sie Selbstmord begangen hat. Ich habe Das gethan, um ihr den Tod, zu dem sie absolut entschlossen war, so leicht wie möglich zu machen. Als sich das Gift bereits in ihrem Besitz befand (ich habe es ihr unmittelbar vor meiner Abreise von Ascona gegeben), bin ich zu ihr gegangen und habe sie noch einmal gebeten, sie solle lieber zu mir nach Graz kommen und mich versuchen lassen, ob ich nicht doch noch ihr helfen könnte. […] Ich habe nicht aus Fahrlässigkeit gehandelt; denn was ich that, war wissentlich gethan; und ich habe nicht die Absicht gehabt, daß sie sterben solle. Ich habe nur die Absicht gehabt, daß sie nicht auf schreckliche Art und unter Schmerzen sterben solle. Es ist jetzt mehr als sieben Jahre her seit damals, ich habe nie bereuen können, was ich gethan.

Das andere Argument, das gegen mich verwendet wird, ist: daß ich den Tod von Sophie Benz verschuldet haben soll. Daß da nicht Absicht und Fahrlässigkeit in mir bestanden hat, davon sind alle überzeugt, die wissen, daß es damals um mein eigenes Schicksal gegangen ist. Sophie Benz hat sich wegen der Psychose, von welcher sie befallen war, vergiftet; man wird mir zum Vorwurf machen, daß ich sie nicht in eine Psychiatrische Anstalt gebracht habe. Daß ich es nicht gethan habe, ist mir das einzige Bewußsein, welches tröstet. […]

Und noch Eins liegt gegen mich vor: daß ich mit der bestehenden Gesellschaftsordnung unzufrieden bin. Ob man Dies als Beweis einer geistigen Störung betrachten kann, richtet sich danach, wie man die Norm der geistigen Gesundheit aufstellt …«[66]

Die Literaten und Freunde von Gross sind hellauf empört über die Aktionen des Vaters, der kraft seines Rufes als Kriminalistik-Koryphäe den Sohn aus Deutschland hat ausweisen und in die Irrenanstalt als »geisteskranken Anarchisten« hat

---

[65] Emanuel Hurwitz, Von der Psychoanalyse zum Paradies, in: Harald Szeemann (Hrsg.), *Monte Verità. Berg der Wahrheit*, S. 109
[66] Zit. nach Emanuel Hurwitz, a. a. O.

Die Sondernummer für Otto Gross
20. Dezember 1913

Margarethe Hardegger. Foto aus dem Münchner Atelier »Veritas«, 1909

internieren lassen; sie organisieren ihren Protest in mehreren Sondernummern zur Befreiung von Gross, so zum Beispiel in Franz Pfemferts *Die Aktion* (III. Jg., Nr. 51) und in Johannes R. Bechers Zeitschrift *Revolution*, Nr. 5, in der Franz Jung das leidenschaftliche Vorwort schrieb.

Auch Erich Mühsams Zeitschrift *Kain* greift in die Diskussion ein. »Wie ein Schneeball rollte die Kampagne weiter auf die Zeitschriften, für die zusätzlich das Vater-Sohn-Verhältnis in den Vordergrund gestellt wurde, den privaten Konflikt innerhalb einer Familienbindung unter Anrufung der staatlichen Polizeiapparate lösen zu wollen; der Hinweis auf die Psychoanalyse, die soeben erst gesellschaftsfähig geworden war, goß Öl ins Feuer ...«[67], schrieb Franz Jung in der Rückschau auf die Pressekampagne. –

Der Chefarzt der Landesanstalt Troppau erklärt Otto Gross schon nach kurzer Zeit für vollständig geheilt und zieht ihn zur Behandlung der Patienten heran. Nach Ausbruch des Ersten Weltkriegs praktiziert er als Arzt in einem Flecktyphus-Lazarett hinter der Front.[68]

Margarethe Hardegger

Die Schweizerin Margarethe Hardegger (1882–1963) war eine mutige Frau. Sie kämpfte während ihres ganzen langen Le-

---

[67] Franz Jung, Der Torpedokäfer, zit. nach Emanuel Hurwitz, a.a.O., S. 109
[68] Siehe Franz Jung, in: Biographisches und Bibliographisches, Internetseite von Raimund Dehmlow über Otto Gross

bens gegen alles, was sie menschenunwürdig fand, und für alles, was vor allem das Leben der Frauen verbessern sollte. Die Liste ist lang und vielfältig: sie agitierte für das Frauenstimmrecht, für sexuelle Aufklärung der Mädchen und für Verhütungsmittel, auch für Abtreibung in Notlagen, gegen Militarismus und Krieg, für die freie Liebe und die Psychoanalyse, für sozialistische Siedlungen, gegen Faschismus und für die Aufnahme antifaschistischer Flüchtlinge im Tessin. Sie war Syndikalistin, Sozialistin und Anarchistin. 1904 wird sie zur ersten Sekretärin des Schweizerischen Gewerkschaftsbundes gewählt, verschiebt aber zur Verblüffung ihrer Wähler den Amtsantritt um ein paar Monate, weil sie erst ihr Kind zur Welt bringen und dann selbstverständlich das Amt auch mit dem Kind ausführen will. Sie behält den Posten fünf Jahre lang, spricht auf 367 Veranstaltungen, organisiert Streiks, gründet zwei Zeitschriften *Die Vorkämpferin* und *L'Exploitée*; für den Gewerkschaftsbund wird sie untragbar, als sie 1908 auf Einladung des »Internationalen Arbeitervereins« in Bern eine leidenschaftliche Rede hält, die letzten Endes für ihre Kündigung vom Gewerkschaftsbund 1909 verantwortlich ist. In der Rede fordert sie die Abschaffung der Ehe zugunsten der freien Liebe: »Die Ehe ist ein altes, den Nützlichkeits- und Räuberinstinkten des Mannes zuliebe geschaffenes Gewohnheitsrecht. [...] Die heutige Frau braucht keine Ehe mehr. Sie kann für sich selber sorgen.« Und sie prangert dabei auch noch die Abtreibungsgesetze an.[69]

Das waren für Margarethe Hardegger zwei alte Anliegen. Sie hatte als junges Mädchen ihren Mann August Faas kennengelernt, mit dem sie in freier Ehe (nach Ida Hofmann: Gewissensehe) zusammenleben wollte, heiratete ihn aber später, da sich für ihn aus der Nichtehelichkeit des Kindes berufliche Nachteile ergeben hätten. Ihre Mutter war Hebamme, und Margarethe Hardegger erlebte aus nächster Nähe das Leid und die Not ungewollter Schwangerschaften.

Es ist nicht überraschend, dass jemand mit solchen Thesen in Konflikt mit der Gesellschaft und ins Visier der Polizei gerät, zumal Margarethe Hardegger während eines Erholungsurlaubs auf dem Monte Verità mit Raphael Friedeberg zusammen gekommen war und sich mit Ernst Frick angefreundet hatte, dessen anarchistischer Gruppe »Weckruf« sie auch nahe stand. Aus Solidarität gab sie Frick ein falsches Alibi für die Zeit des bewaffneten Befreiungsversuchs eines russischen Revolutionärs, der zwar misslungen war, aber großes Aufsehen in Zürich verursacht hatte. Frick wird erstmal laufen gelassen, aber diese Falschaussage wird Margarethe Hardegger noch jahrelang belasten und sie 1913 sogar für vier Monate ins Gefängnis bringen, und Ernst Frick dann auch. Das genau ist der Moment, in dem Frieda Gross sich von Max Weber in dem Vormund-

---

[69] Vgl. die ausführliche Biografie von Regula Bochsler, *Ich folgte meinem Stern. Das kämpferische Leben der Margarethe Hardegger*, Zürich 2004, hier S. 87

Gustav Landauer

schaftsprozess mit Vater Hans Gross beraten lässt.

Noch während Margarethe Hardeggers Gewerkschaftszeit lädt sie 1908 den berühmten Sozialisten und Anarchisten Gustav Landauer (1870–1919) aus Berlin zu einem Vortrag nach Bern ein – und das wird für beide mitten im politischen Kampf die große Liebe.

»Wohl bin ich ernst und lebe ein ernstes Leben; und Du bringst mir Freude. Bringst mir Heiterkeit und frohe Hingabe […] und läßt mich – fast wie zum ersten Mal – das Jetzt, die Gegenwart, den Moment lieben. O versteh mich recht, Margaret, Du Stolze, Ernste, Dichtende, Sinnende, Geistvolle, versteh recht, was ich zu all dem doch dazu sagen darf: Du bist der erste Mensch leichten Sinnes, dem ich Verehrung und Liebe bringe. […] An Dir ist der Sinn, die Haut, das Heidnische nur eine Lebendigkeit, ein Ausdruck, fast gar ein Symbol lebensschönster Innigkeit. Weiß ich, ob das alles so ist? Daß ich aber dich so liebe, wie Du bist, das weiß ich.«[70]

Landauers Gerechtigkeit will es aber auch, dass er sofort seine Frau mit ins Spiel bringt, die er eben auch liebt und nicht verraten will – das wird ein halsbrecherischer Akt, auf den Margarethe Hardegger sich zunächst einlässt. Schon beim ersten Treffen verabreden sie eine enge Zusammenarbeit; Landauer will den »Sozialistischen Bund« gründen und mithilfe kleiner Ortsgruppen in verschiedenen Städten ansiedeln – Margarethe Hardegger könnte das in Bern tun, Ernst Frick in Zürich, Landauer in Berlin und Erich Mühsam, der eigens zu dem Vortrag aus Ascona angereist ist, in München. Margarethe Hardegger stürzt sich in die Organisation, reist auch nach München, um mit Mühsam die nächsten Schritte zu verabreden, hält zwischendurch den flammenden Vortrag über die freie Liebe – und nun wird auch klar, wie sich das Private und das Politische mischen. Landauer hat ihr in seinen vielen Liebesbriefen mitgeteilt, dass er seine

[70] Zit. nach Regula Bochsler, S. 82

Frau Hedwig in seine Zuneigung zu Margarethe eingeweiht hat, er möchte, dass die Frauen Freundinnen werden, aber er möchte à tout prix das »Geheimnis« wahren, dass er mit ihr geschlafen hat. In jedem Brief kommt er darauf zurück – und Margarethe antwortet sozusagen öffentlich darauf, indem sie die Abschaffung der Ehe proklamiert!

Wenig später besucht sie Landauers in Berlin und ist bei der Gründungsversammlung des »Sozialistischen Bundes« dabei; Landauer ernennt sie zur ersten Redakteurin der Zeitschrift Der Sozialist, an der sie in den nächsten Monaten heftig arbeitet. Aber das harmonische Trio, das Landauer sich vorgestellt hat, ist für Margarethe unter diesen Umständen nicht darzustellen, und ihre Liebe bekommt einen starken Dämpfer. Als sie wieder in der Schweiz ist, haben ihre Anarchistenfreunde einen Anschlag zugunsten der Eisenbahnstreikenden verübt, Frick ist auch dabei. Außerdem droht der schwunghafte Sacharin- und Briefmarkenschmuggel aufzufliegen – mit einem Teil des Erlöses aus diesen illegalen Aktionen finanziert Margarethe Hardegger den Sozialist, was Landauer nicht weiß oder nicht wissen will.[71] Er bittet sie wiederholt um Geld, sie, die nach der Kündigung des Gewerkschaftspostens gar nichts verdient und ihre zwei Töchter allein durchbringen muss. Sie arbeitet an vielen Fronten, Landauer drängt sie zum Schreiben der Artikel, pocht auf Pünktlichkeit, behandelt sie mehr und mehr väterlich autoritär. Als sie schließlich das, was ihr wirklich unter den Nägeln brennt, als Artikel für den Sozialist schreibt und damit auch die Hoffnung verbindet, dass er endlich begreift, wie ernst ihre Ideale einer neuen Gemeinschaft von Frauen und Männern in freier Liebe sind, wie ernst auch die freie Sexualität und Mutterschaft gemeint sind – da fühlt sich Landauer in seinen innersten Überzeugungen angegriffen; er ist so entsetzt, dass er ihr tatsächlich im Brief zuruft: »Ach, was ist das für ein armes Kind, das in so schlechte Gesellschaft gekommen ist, und sich nun so inständig, so feurig müht, [...] alle, alle auf den Weg zu leiten; auf den Kinderweg, den sie für das Heil hält. Sie hat so einen großen Verstand, und so eine starke Phantasie, und so viel Wärme: aber sie ist bei alledem noch nicht

---

[71] Vgl. Regula Bochsler, a. a. O.

zu uns emporgewachsen, und will uns schon lehren, aber wie! Aber was! Und nun bitten wir Dich, Margarethe, bitten Dich so gut wir bitten können: schweig! schweig *jetzt noch* ganz und gar von diesen Dingen!«[72] Der Brief ist mit »Der Vater« unterschrieben.

Als Margarethe Hardegger im Sommer 1909 nach München fährt, ist Mühsam damit beschäftigt, seine Ortsgruppe des »Sozialistischen Bundes« in Schwung zu bringen. Seine alte Idee, dafür das »Lumpenproletariat« zu mobilisieren, hat nicht den gewünschten Erfolg. Aber zusammen gründen sie im Lokal Gambrinus die Gruppe »Tat«, zu der Johannes Nohl, Franz Jung (»Gustav Landauer war unser Prophet«[73]) und bald auch der junge Oskar Maria Graf (1894 bis 1938) gehören:

»In der Gruppe ›Tat‹ lernte ich Schorsch [gemeint ist der Maler Georg Schrimpf] näher kennen. Wir kamen auch öfter zusammen und schlossen uns bald aneinander an. Wir lasen Stirner, Nietzsche und Kropotkin, und Schorsch erklärte alles sehr einfach. [...] Ich ging in jeden Versammlungsabend der Anarchisten. Der Mensch, sagten mir diese Leute, sei ein Opfer der Gesellschaft. Ich merkte bald, daß dies für mich ein sehr nutzbringender Gedanke sei, denn ich legte mir denselben so aus: Du kannst machen, was du willst, schuld ist immer bloß die Gesellschaft, du bist ihr Opfer, dich trifft keine Verantwortung ...«[74] Ein paar Jahre später macht sich Graf mit Schrimpf (1889 bis 1938) zusammen auf den Weg nach Ascona, und Franz Jung erzählt in seinen Erinnerungen, in der Gruppe »Tat« hätten sie immer die jungen Männer,

Margarethe Hardegger und Erich Mühsam in München 1909

---

[72] Zit. nach Regula Bochsler, a. a. O., S. 123
[73] Franz Jung, *Der Weg nach unten*, Hamburg 1961, S. 72
[74] Oskar Maria Graf, *Wir sind Gefangene*, München 2008, S. 78f.

als der Kamerad noch ganz alleine stem ... im Winter 1907/08. Margt Hard.

Dieses Foto von Margarethe Hardegger wurde bei Gustav Landauer nach seiner Ermordung gefunden

die keinen Militärdienst machen wollten, zu den Brüdern Gräser nach Ascona geschickt – die Verbindung zwischen München und Ascona war immer eine direkte.

Erich Mühsam und Margarethe Hardegger lassen sich 1909 zusammen im Englischen Garten fotografieren, sie sind sich durch die gemeinsame Arbeit nahe gekommen und teilen bald »Meinungen und Lager«[75]. Mühsam, der sich durch eine Analyse bei Otto Gross von »einer ganzen Krankheitskruste«[76] befreit fühlte, verfasst ein Theaterstück *Die Freivermählten*, für das Otto Gross und Margarethe Hardegger mit vielen Argumenten Pate gestanden haben; die Otto-Gross-Figur lässt Mühsam am Schluss gewaltsam sterben, während die Heldin Alma sich emanzipiert und etwas über die Liebe sagt, was wie eine Mischung aus Hardegger und Reventlow klingt: »Ich kann, glaube ich, gar keinem Manne untreu werden ... es gibt Männer, die mich hassen, weil ich sie verließ. Ich liebe sie alle, und keinen von ihnen werde ich jemals nicht mehr lieben. – Der Sitz der Treue ist wahrlich nicht der Unterleib.«[77]

Die Einigkeit zwischen Margarethe Hardegger und Erich Mühsam über die sexuelle Frage und die Bedeutung der Psychoanalyse ist eine Provokation für Landauer, der diesen Themen im »Sozialistischen Bund« keinen Raum bieten

[75] Regula Bochsler, a. a. O.
[76] Zit. nach Chris Hirte, in: *1. Internationaler Otto Gross Kongress,* Marburg und Hannover 2000, S. 24
[77] Erich Mühsam, *Die Freivermählten,* zit. nach Regula Bochsler, a. a. O.

will; im Verlauf der folgenden Jahre wird seine Meinung dazu immer verletzender und apodiktischer, was sowohl Mühsam als auch Hardegger auf Distanz zu ihm gehen lässt. Die ideologischen Auseinandersetzungen zwischen Mühsam und Landauer sind ein ganzes Kapitel Politik für sich.

Margarethe Hardegger wird schließlich, nach zermürbenden politischen Kämpfen in der Schweiz, zwei Gefängnisstrafen (wegen Beihilfe zur Abtreibung und wegen der Falschaussage) und dem verzweifelten Ringen um die finanzielle Existenz ins Tessin ziehen, um dort eine Landkommune zu gründen, die Landauers Siedlungsidee verpflichtet ist, das Villino Graziella. – Als Gustav Landauer am 2. Mai 1919 in Stadelheim von Soldaten ermordet wurde, fand man ein Foto von Margarethe Hardegger in seiner Brieftasche.

Oskar Maria Graf und Georg Schrimpf – »Verzeihung, habe ich vielleicht mit dem Fürsten Kropotkin die Ehre?«

Als Oskar Maria Graf und Georg Schrimpf sich nach Süden aufmachten, war der eine fest entschlossen, unter allen Umständen Schriftsteller zu werden, und der andere zeichnete, wann immer er Gelegenheit dazu hatte. Graf war 19 Jahre alt, Schrimpf fünf Jahre älter. Beide hatten eine ähnliche Lehre gemacht, Schrimpf als Konditor und Graf als Bäcker. Seit sie sich bei den Anarchisten in der Gruppe »Tat« kennengelernt hatten, waren sie Freunde und blieben es auch über lange Zeit. Oskar Maria Grafs Misshandlung durch seinen ältesten Bruder, der die Bäckerei des Vaters frühzeitig übernommen hatte und die ganze Familie tyrannisierte, hatte Graf zu einem zornigen jungen Mann gemacht, der sein Handwerk hasste; schon als Kind flüchtete er sich ins Lesen und in die Bücher, die er und seine Schwester sich streng geheim über Mittelsmänner ins Dorf schicken ließen. Gerade diese Leidenschaft für die Literatur verband ihn mit Georg Schrimpf, über den er später schrieb:

Der junge Oskar Maria Graf 1912

Ascona um 1900

»Merkwürdigerweise war Schrimpf ziemlich belesen. Das imponierte mir besonders, als wir uns kurz nach meiner Flucht von zu Hause, in den idyllischen Münchner Jahren von 1911 bis 1913, näher kennenlernten. Er war nur um wenige Jahre älter als ich und damals noch Konditor, hatte eine unsagbar schwere Jugend und Lehrzeit hinter sich, aber er kannte viel griechische Philosophen, liebte insbesondere die Stoiker, wußte in der Geschichte einigermaßen Bescheid, hatte Darwin, Haeckel, Boelsche gelesen, mochte Nietzsche gern und zitierte bei jeder Gelegenheit Stellen aus Rilkes ›Stundenbuch‹, seit langem aber galt ihm Max Stirner ›Der Einzige und sein Eigentum‹ als wahres Evangelium. Daraus bezog er all seine eigentümliche unbeirrbare Logik.«[78]

Nach seiner Flucht von zu Hause in Berg am Starberger See brachte Graf sich mühsam mit Gelegenheitsjobs und schwerer Arbeit in einer Mühle in München über die Runden; das nächtliche Schreiben von kleinen Dramen und Gedichten brachte nichts ein, und er war der Verzweiflung nahe, als Schrimpf ihm vorschlug, nach Locarno zu fahren. Geld hatten beide gerade nur für die Reise, aber die vielen Erzählungen von den tessinreisenden Genossen ließen sie darauf hoffen, bei den Kameraden Unterschlupf zu finden. In seinem autobiografischen

---

[78] Oskar Maria Graf über Schrimpf, in: *Georg Schrimpf – Oskar Maria Graf 1918*, hrsg. von der Kulturstiftung der Länder (Heft 48) in Verbindung mit der Städtischen Galerie im Lenbachhaus, München 1992, S. 19

Roman *Wir sind Gefangene* erzählt er von dieser hoffnungsvoll begonnenen Tour weg von der Plackerei in München; Schorsch ist Georg Schrimpf.

»Als wir die Anhöhe von Minusio nach Brione hinangingen, kam uns ein weit ausgreifender Mann entgegen, der aussah wie ein Zigeuner.

›Das ist Theo!‹, sagte Schorsch und schrie auf einmal diesen Namen laut aus. Der Fremde lachte strahlend und kam uns mit offenen Augen entgegen. Es war tatsächlich unser Genosse Theo aus der Münchner Truppe ›Tat‹. Er flüchtete seinerzeit, als man ihn zum Militärdienst einziehen wollte, aus München und führte seitdem hier ein Naturleben, das anarchistischen Grundsätzen näherkam. Außer ihm waren noch drei Kameraden da. [...] Es wurde beschlossen, zur christlichen Kolonie ›Liebe‹ zu gehen, deren Inhaber Theo bekannt war, und uns dort unterzubringen. Das war ein modern gebautes, villenartiges Haus mit Weinhängen und viel Gemüsebeeten. Eine fromme Gemeinschaft hauste hier nach christlichen Grundsätzen. Der Älteste empfing uns sanft und stellte uns für zehn Franken pro Monat ein Zimmer zur Verfügung. Wir brachten unser Gepäck und richteten uns ein.« [79]

Bald trafen sie mit den anderen Genossen zusammen, die 1911 nach den Ideen des »Sozialistischen Bundes« eine Siedlung in der Nähe des Monte Verità gegründet hatten.

Georg Schrimpf und Oskar Maria Graf

[79] Oskar Maria Graf, *Wir sind Gefangene*, München 2008, S. 96

»Der Zirkel unserer Kameraden bestand außer uns noch aus sechs Leuten: Gobmaier, ein echter Münchner mit seltsam verworrenen Siedlungsideen, seine Frau und ein Bub. Dann Jenke, der Dekorationsmaler aus Sachsen, Giuseppe, ein Münchner Schlosser, gutmütig und martialisch gewachsen, immer ein seltsam linkisches Lächeln auf den Lippen, endlich Theo mit seiner Grete. Jeder hatte sich eine Behausung zurechtgemacht und arbeitete nur zeitweilig, um die Mußestunden seiner freien Entwicklung widmen zu können. Es waren eigentlich alles Leute mit einem geheimen Hang, sogar mit einem leisen künstlerischen Einschlag. Das Innere war das Wesentliche, und die Aufgabe des echten Anarchisten hieß: Sein Äußeres nach dem Gesetz des innersten Dranges zu formen, in größter Freiheit, uneingeschränkt, möglichst unberührt von der ›Kultur‹.

Theo war die leitende Intelligenz. Es wurde viel diskutiert. Pläne wurden entworfen für eine spätere anarchistische Siedlung in Brasilien.

Gobmaier war der praktischste von allen. Von Beruf Tapezierer, konnte er alles und sah darin den größten Fortschritt, wenn ein Mensch sich alles zum eigenen Lebensbedarf selber herstellen konnte, das Haus bauen, die Kleider schneidern, das Land bebauen. Er arbeitete unablässig, und in den Freistunden schrieb er naive Verse auf den Lago Maggiore, Freiheitsgedichte und Gedanken. Jenke war radikaler Vegetarier, ergab sich mehr der Natur, malte kleine Bildchen und rechtfertigte in Tagebuchnotizen den Vegetarismus. Er war sehr sanft und verbrachte viel Zeit, seine Verdauungstheorie einzuhalten und sie anderen plausibel zu machen. Darin war er, wenn es auch drollig aussah bei ihm, fast fanatisch. Wenn wir zu ihm kamen, las er uns Stellen aus Nietzsche oder aus Forel vor. Aber alles lief dabei auf den Vegetarismus hinaus. Als ich einmal sehr pathetisch das Nachtlied Zarathustras vorlas, sagte er ganz verzückt: ›Der Mann war bestimmt ein Vegetarier‹. [...] Man kam Abend für Abend zusammen, las Kropotkin, Landauer, Proudhon und diskutierte darüber. Oft wurde es erregt, aber man verstand sich. Den Tag über arbeiteten alle.«[80]

Alois Gobmaier aus München, den Graf als den praktischsten beschreibt, wird nach dem Auseinanderbrechen dieser Siedlung eine Zusammenarbeit mit Margarethe Hardegger planen, die sich erst nach Kriegsende verwirklicht, als beide in Minusio zwei nebeneinanderliegende Häuser kaufen und wieder eine gemeinsame Siedlung gründen, in der auch die erwachsenen Kinder von Margarethe Hardegger arbeiten, eben das Villino Graziella.

Oskar Maria Graf berichtet weiter:

»Wir hatten kein Geld. Der Logisherr drängte. Ich verfluchte die ganze Schweiz. In Ascona gab es Arbeit bei [Karl] Gräser. Aber der bezahlte nichts. Er gab nur Essen und Unterkunft und verweigerte jede Einmischung von ›Kultur‹.

---

[80] A.a.O., S. 99ff.

Siedlungen dieser Art gab es genug. Das rentierte sich für den, der sich einmal einen Besitz geschaffen hatte, mitunter sehr gut, denn die Deserteure zum Beispiel oder die russischen Revolutionäre waren gezwungen, diesen Drohnen Dienste zu tun ohne Bezahlung.

Es waren alle möglichen Menschensorten da, Revolutionäre, Vegetarier und Maler aus allen Himmelsrichtungen, Freiluftkuranhänger und endlich Literaten und Naturmenschen mit langen Haaren und nur mit einem Hemd aus grobem Sackleinen bekleidet. Die Vollblutpflanzenfresser hatten auf Verita eine große Siedlung, genannt die ›Heidelbeere‹. Dort wurde Nacktkultur verkündet, neues Menschentum und freie Liebe betrieben. An allen Bäumen klebten Propagandazettel in Versform, die zum Eintritt aufforderten, aber wehe, wer nach Seife roch, solche mitbrachte oder gar rauchte ...«[81]

Oskar Maria Graf schien zu Anfang ganz erfreut und auch überrascht vom beschaulichen Leben der südlichen Anarchistendependance, aber ebenso wie Mühsam ging ihm das Sektiererische der Vegetarier auf die Nerven. Zudem war er ja nicht, wie die ersten Monteveritaner, ein Zivilisationsflüchtling – und das Einzige, was er wollte, war schreiben. Dazu brauchte er auch in Ascona Geld, und während Schrimpf sich sein Leben wieder als Konditor verdiente und sich mit Gemüseanbau beschäftigte, wurde Graf immer wütender. »Ich haßte meine Umgebung auf einmal; nannte Jenke einen ›Grasfresser und Verdauungsrevolutionär‹ und schloß mich ab.«[82] Tagelang lag er in seinem Zimmer auf dem Bett, schrieb oder erkundete die Gegend auf eigene Faust.

»Als ich eines Tages in Ascona in den Autobus, der nach Locarno fuhr, einstieg, saß neben mir ein Herr, der mir sehr bekannt vorkam. Zu seinem Geburtstag hatte kürzlich der Leipziger *Anarchist* sein Bild gebracht. Ein französisch sprechender Begleiter unterhielt sich mit ihm. [...] Die beiden stiegen vor Locarno aus. Ich folgte ihnen. Der kleine Graubart wurde nervös. Ich trat ganz an ihn heran, klopfte ihm von hinten auf die Schulter, daß er sich erschreckt umdrehte und mich verwirrt ansah.

›Verzeihung, habe ich vielleicht mit dem Fürsten Peter Kropotkin die Ehre?‹ sagte ich etwas unbeholfen und lachte ein wenig. Der Mann nickte freundlich und musterte mich flüchtig. Ich trug zu damaliger Zeit nur Hose und Hemd, lief ständig barfuß und hatte lange, wallende Haare.

›Verzeihung‹, sagte ich schon wieder etwas hastig, ›mein Name ist Graf. Ich bin Sozialist und habe ihre Photographie im Leipziger *Anarchist* gesehen.‹

›Ein junger Genosse‹, sagte jetzt Kropotkin zu seinem Begleiter und stellte mich vor. Wir kamen langsam ins Gespräch. Ich lobte Kropotkins Bücher und erzählte von der Bewegung in Deutschland. Interessiert hörten die beiden zu.

[81] A.a.O., S. 99ff.
[82] A.a.O., S. 102

›Schreiben Sie auch für sozialistische Blätter?‹, fragte der Fürst, als ich flüchtig etwas von der Schriftstellerei erwähnte, und sah mich an.
›Nein, nur für Witzblätter‹, antwortete ich. [...]
Mit heißem Kopf und atemlos kam ich in Brione an und erzählte meinen Kameraden mein Erlebnis. Alle waren hingerissen.«[83]

Pjotr Alexejewitsch Kropotkin (1842–1921), einer der weltweit bekanntesten Anarchisten, war zu der Zeit 71 Jahre alt. Seitdem Raphael Friedeberg ihn 1908 in London besucht hatte, als Arzt und Bewunderer, und ihm nahegelegt hatte, aus Gesundheitsgründen ins Tessin in seine Behandlung zu kommen, war er fast jedes Jahr ein paar Monate dort; Emil Szittya hat in seinem *Kuriositäten-Kabinett* von einem Treffen mit ihm erzählt:

»Das zweite Mal sah ich diesen seltsamen anarchistischen Heiligen in Askona. Er war sehr müde und kam zur Erholung in die Schweiz. Die Polizei wollte ihn auch aus diesem Lande ausweisen, da erhoben bekannte Schweizer Gelehrte für den Anarchisten das Wort und wiesen darauf hin, daß Krapotkin nichts mit dem terroristischen Anarchismus zu tun habe, sondern ein Wissenschaftler von höchstem Ansehen sei. Als ich Krapotkin nach dieser unangenehmen Affäre sah, sagte er mit resignierter Stimme: – ›Wäre ich parasitischer Aristokrat geblieben, so würden sich lakaienhaft alle Länder vor mir öffnen, da ich aber aufrichtig und ernst für diese Menschheit arbeitete, bin ich in allen Stätten der Welt ein unliebsamer Gast. Die Menschen, die Angst vor mir haben, haben nie meine Schriften gelesen und wissen nicht, daß ich in meinem Buche *Die gegenseitige Hilfe* den Anarchismus wissenschaftlich bedingt nachweise und daß ich ein Gegner von jedem Gewaltmittel bin, weil der Anarchismus nicht durch Gewalt, sondern nur durch geistige Entwicklung und Liebe entstehen kann.‹«[84]

Oskar Maria Grafs zweite Begegnung mit Kropotkin verlief weniger angenehm – Graf versuchte, ihm seine verzweifelte finanzielle Situation zu schildern, aber Kropotkin »fauchte nervös« und verschwand. Vielleicht wusste Graf nicht, dass auch Kropotkins Lebensumstände so prekär waren, dass Raphael Friedeberg immer wieder Sammelaktionen für ihn veranstaltete.[85]

Grafs Situation wurde langsam unhaltbar. Er traute sich kaum aus dem Zimmer vor Angst, dass der Hausherr ihn wegen der Mietrückstände abpassen könnte, zudem entwickelte er eine groteske Eidechsenphobie, die ihn die Natur hassen ließ. Kleinere Polizeihändel taten ein Übriges, und außerdem fürchtete er, dass sein Freund Schorsch mit den Siedlern nach Brasilien auswandern könnte.

»Mein Freund war schon wieder ganz für Brasilien. Jetzt mußte sich etwas

---

[83] A.a.O., S. 102f.
[84] Emil Szittya, *Das Kuriositäten-Kabinett*, S. 131f.
[85] Siehe Hans Manfred Bock/Florian Tennstedt, Raphael Friedeberg: Arzt und Anarchist in Ascona, in: Harald Szeemann (Hrsg.), *Monte Verità. Berg der Wahrheit*, S. 43

entscheiden. Auf langen Spaziergängen machte ich Schorsch auf sein Malertalent aufmerksam. Wir überlegten hin und her. Die Kameraden waren zu pflanzlich für uns, zu ethisch, zu verworren. Und meine Schulden wurden tagtäglich unerträglicher. Es war auch schon wieder alles so langweilig. Man bekam keine Post, am Ende der Welt war man und wusste nicht, was in den Städten vorging. Es war zu still da, zu gemütlich, zu reizlos. Der blaue Himmel allein machte es auch nicht. Ach – und überhaupt!

›Wir fahren wieder zurück in unseren Sumpf, diese ganze Naturtrottelei kann mir gestohlen bleiben! ... Das ist was für Verdauungsphilister und Grasfresser! ... Das ist kein Leben!‹, sagte ich angewidert.

Schorsch nickte. Auch er haßte diese Art Gemütlichkeit. Tranken wir manchmal Schnaps und viel Wein, erhob sich sofort ein Sturm der Entrüstung bei einigen Anarchisten, rauchten wir, hieß man uns dekadent.

Wir wollten leben und die wollten sich, schien es, nur einrichten. Brasilien war nichts. Wir gingen zu Theo.

›So‹, sagte auf einmal Schorsch und rülpste seinen letzten Schnaps auf, ›jetzt sag' ich es: Wir gehen wieder zurück in den Sumpf.‹ Er brachte es pathetisch heraus und doch wieder so wie ein plötzlich selbstbewußt gewordener Spießbürger. Ich hätte beinah gelächelt. [...]

Nach einem wüsten Trinken in einem Ristorante zogen wir nachts vor das Haus Jenkes, des Verdauungsphilosophen, und sangen grölend Sauflieder. Dann suchten wir Theo auf und sagten ihm Bescheid. Er und Grete kamen am anderen Tag mittags nicht zur Bahn. Wir stiegen ein und der Zug fuhr los.

›Ach Mensch, das Leben ist ja noch so lang und so lustig!‹, sagte ich befreit zu Schorsch, und auch der atmete auf. –

Am Pfingsttag kamen wir in München an. Mit der letzten Mark fuhr ich anderntags nach Hause. Schon in der Stadt gafften die Leute nach mir. Verschlampt, mit langen Haaren, wie ein Wilder kam ich daher. Die zivilisierte Umgebung war mir halbwegs fremd geworden. Herrlich war der Tag. Groß und weit spannte sich der klare Himmel über dem Starnberger See. So vertraut und so nahe war mir wieder alles, als wär ich nie weggewesen. [...] Man empfing mich wie einen verloren Sohn. Max ließ wissen, ich sollte ihm nicht unter die Augen treten, sonst verprügle er mich. Am andern Tag fuhr Maurus mit mir nach München und ich nahm eine Stellung als Bäcker an.«[86]

1919 wird Oskar Maria Graf in der turbulenten Zeit kurz vor der Räterepublik noch einmal mit einem »Grasfresser« konfrontiert – mit Gusto Gräser, der bei Georg Schrimpf logiert und während eines Auftritts für friedliches Miteinander von den Schwabingern verhöhnt wird. Davon später.

---

[86] Oskar Maria Graf, *Wir sind Gefangene*, S. 111f.

Kapitel 3
Die Gräfin: Fanny zu Reventlow. Schreiben in Ascona

Das »Löwen-Sofa«

Franziska Gräfin zu Reventlow an Paul Stern[87]

Ascona bei Locarno
Villa Monescia (Herbst 1910)

Liebes Sternchen,
Ich bin ganz böse auf mich, dass ich Ihnen immer noch keinen menschenwürdigen Brief geschrieben habe u. für Ihren gedankt. Aber da soll man zum Schreiben kommen – ich muss kochen, Zimmer aufräumen, bügeln – Bubi unterrichten u. »daneben« in 14 Tagen eine endlose Übersezung herunterraspeln, dazwischen war ich noch 1 Woche krank und – na davon nachher.
Aber es ist ein rauhes u. beschwerliches Dasein u. mein anfängliches Plaisier an Ascona ist längst verflogen. Ich sah es eben die ersten Tage vom Faulenzerstandpunkt an u. fühlte mich nach Paris und Reise angenehm ausgeruht. Der liebe Gott hatte mich auch in Paris aus dem Auge verloren u. erst hier wieder entdeckt.
Sie sind sicher noch in Berlin, ich weiß, es gibt irgendeinen Termin, bis

Fanny zu Reventlow mit Rolf in Ascona

[87] Franziska Gräfin zu Reventlow, *Briefe 1890–1917*, Frankfurt a. M. 1977, S. 519ff.

zu dem Sie immer bleiben. Und dann gehen Sie wieder nach München u. dann ist Karneval u. Eis. Ich habe manchmal elendiges Heimweh und möchte wieder Menschen sehen. Hier gibt es keine, nur Narren und Propheten.

Na, ich bin in Bauchweh- und Übersetzungsstimmung u. ausserdem auf dem Wege, wahnsinnig sparsam u. pedantisch ordentlich zu werden. Das alles wirkt ungemein niederdrückend u. denken Sie nur, nicht zu wissen, wie lange dieser anmutige Zustand dauern wird u. wieder endet.

Es war *doch* in München noch besser, muss ich reuig bekennen. Hier hat man so das Gefühl, dass gar keine schönen Zufälle geschehen können. Hol's der Teufel.

So u. nun brenne ich schon die ganze Zeit darauf, Ihnen ein süsses Geheimnis anzuvertrauen. – Natürlich dürfen Sie's nur denen erzählen, die schon davon wissen.

– Ich bin eigens nach Ascona gekommen, um mich mit einem heruntergekommenen baltischen Baron zu verheiraten. Er verfolgt dabei den Doppelzweck, seine Familie zu schikanieren u. ihr zu imponieren, u. hat als Belohnung für die mutige Tat die Hälfte seiner Erbschaft ausgesetzt. (Der Vater ist schon 78.)

Dies wurde mir schon in München mitgeteilt, in Paris hab ich mir's überlegt u. schriftlich mein Ja-Wort gegeben. Und dann bin ich hergefahren u. musste mich dann natürlich gleich hier niederlassen, weil ein vorübergehender Aufenthalt u. dann Weiterfahren meinerseits nicht möglich gewesen wäre. Jetzt sind wir uns völlig einig, ich habe sogar den Segen des Schwiegervaters errungen, der sich momentan in Locarno aufhält.

Besagter Schwiegervater ist ein etwas strenger aber sympathischer alter Herr u. etwas unglücklich über seine Kinder, die allesamt spinnen. Die Tochter frömmelt und hat's mit den Pfaffen, der eine Sohn ist Tolstoj u. Abstinenzler u. der meinige säuft.

Er sieht aus wie ein Seeräuber, zieht sich an wie ein russischer Matrose, hat Wahnvorstellungen, zum Beispiel Angst, dass man ihm den Kopf abreissen würde, ist aber daneben ganz Kavalier und ein guter Kerl.

Die Ehe ist natürlich nur als Scheinehe beabsichtigt, keiner hat persönliche Ansprüche an den anderen zu stellen, trotzdem beabsichtigt er dadurch ein »anderer Mensch« zu werden u. das Saufen zu lassen. Dem Schwiegervater hat es sehr imponiert, dass er tatsächlich 14 Tage lang ziemlich nüchtern gewesen ist. Der ernste Hintergrund ist, dass er mir tatsächlich seine halbe Erbschaft abtritt, die nicht arg gross, aber für mich respektabel ist (falls ich den Alten überlebe) u. dass er Bubi adoptiert. Bei Lebzeiten des Alten nützt es mir vorläufig nichts, schadet aber auch nichts, da von Zusammenleben etc. nicht die Rede ist u. ich mich absolut nicht um ihn zu kümmern brauche.

Zuerst war es sehr unheimlich, Zusammenkünfte in einem düsteren Albergo u. dann mit diesem Seeräuber nach Locarno zu wandern u. feierlicher Eidesschwur, er würde Bubi, den er sehr liebt, als einen »Blutssohn« betrachten. Aber jetzt hab ich mich dran gewöhnt u. werde mit Todesverachtung mit ihm zum Standesamt gehen.

Könnte ich dann nur bald von hier weg, denn ich glaube, selbst in Ascona wird man mehr wie erstaunt sein, während Schwabing denken wird, ich habe eine gute Partie gemacht.

Eigentlich habe ich es ja auch. Der Gedanke, dass wenigstens Bubi dermaleinst etwas Geld haben wird, ist ungemein angenehm.

So, jetzt habe ich Ihnen mein Herz ausgeschüttet und hoffe, Sie werden mir Ihren Segen nicht vorenthalten. Ich hoffe jetzt auf einen recht langen Brief von Ihnen u. hoffe nur, dass ich irgendwann einmal wieder auftauchen kann.

So, heute nur noch viele, viele Grüsse auch an die Ihrigen, wenn Sie wirklich noch in Berlin sind.

Ihre F. R.

Fanny zu Reventlow (1871–1918), die Gräfin von Schwabing, kam im Herbst 1910 nach Ascona, als ihre materielle Situation in München einem Bankrott sehr nahe kam. Um diese Misere zu beenden, hatte Erich Mühsam den Einfall mit der Scheinehe. In seiner Ascona-Broschüre hatte er über den baltischen Baron Rechenberg-Linten geschrieben, der schon bei Mühsams erstem Besuch eine stadtbekannte Erscheinung war (»Dieser Mann verdient, gerade weil er in die vegetarische Umgebung passt, wie ein Kunstwerk in den Berliner Tiergarten, eine ausführlichere Betrachtung.«[88]) und den Mühsam zu den sympathischsten Personen in Ascona zählte.

»Sein Hang zu Abenteuern liess ihn Seemann werden. Er diente vom Schiffsjungen auf, wurde Matrose und befuhr von Riga aus die Ostseehäfen. Ich glaube, bis England kam er auf seinen Reisen. In dieser Zeit wurde er schwerhörig und musste deswegen den Seemannsrock an den Nagel hängen. Jetzt wurde er Goldwäscher im Ural, in der Hoffnung, hierbei grosse Reichtümer zu erjagen. Diese Hoffnung betrog ihn, und jetzt sumpft er, hergelockt durch seinen vegetarischen Bruder, der hier auf seiner eigenen Scholle nach allen Regeln naturgemässer Enthaltsamkeit lebt, in Ascona herum. Er ist jetzt 38 Jahre alt, – ob's ihn hier lange, ob's ihn gar für immer hier halten wird? [...] Wie er zum Trinker geworden ist, lässt sich mit Sicherheit natürlich nicht nachweisen. [...] ›Wenn man nicht säuft‹, fragte er mich einmal, ›was soll man denn noch?‹«[89]

---

[88] Erich Mühsam, *Ascona*, S. 43
[89] A.a.O., S. 43ff.

Als Mühsam 1910 in München erfährt, dass der Baron Rechenberg eine standesgemäße Frau braucht, um an sein Erbteil zu kommen, denkt er sofort an die Gräfin Reventlow, und damit beginnt ein neues Abenteuer für sie, das nun wirklich wie der absurde Höhepunkt ihrer Lebensinszenierung wirkt.

»›Ich wollte Löwen-Sofa machen und war schon im Begriff, den Kontrakt zu schließen‹, sagte sie und sah aus ihren herrlichen Augen zu uns auf.
›Was wollten Sie machen?‹
›Löwen-Sofa. Das ist eine Nummer, die nur 10 Minuten jeden Abend dauert: ich muß mich auf die gelagerte Löwengruppe legen und mit dem Reifen spielen. Dafür sollte ich 250 Franken im Monat bekommen. Aber da kam die Sache mit R[echenberg], die habe ich vorgezogen.‹«[90]

So erzählt Emil Ludwig in seinem Lebensrückblick von 1931; er hatte Fanny zu Reventlow in ihren letzten Jahren häufig gesehen.

Während die Formalitäten für die Eheschließung längere Zeit in Anspruch nehmen, beginnen Fanny zu Reventlow und ihr dreizehnjähriger Sohn Rolf (Bubi), sich in Ascona einzurichten. Hin und wieder scheint sie im Sanatorium auf dem Monte Verità gewesen zu sein, aber ebenso wie die meisten Künstler lehnt sie die ideologischen Implikationen des Vegetarismus ab, und mit den Naturmenschen kann sie überhaupt nichts anfangen. Ihr Leben verändert sich im Verhältnis zu Schwabing total; das Ausweichen in Vergnügungen und nächtliche Abenteuer ist fast nicht möglich, das Geld vorerst nur ein Hoffnungsschimmer am Horizont, und so lässt sie sich erstmal wieder auf die ungeliebten Übersetzungen ein. Ascona und das dörfliche Leben gehen ihr abwechselnd schrecklich auf die Nerven, ebenso wie das Klima (» Sie können sich ja Ascona im Sommer vorstellen, es ist eine Art Selbstmord.«[91]); andererseits kann sie dem neuen Leben auch einiges abgewinnen:

»Ja, München, manchmal hab ich wohl etwas Heimweh, aber ich möchte doch nicht wieder hin. In Ascona flüchtet man sich in die offenen Arme eines liebevollen Hausherrn, der begeistert ist, wenn man sagt, man hätte keine Soldi mehr und einem dann noch Komplimente macht – badet mit dem Zahnarzt, damit er keine Rechnung schickt, in München möchte es wohl etwas anders sein.«[92]

Nach ein paar Monaten zieht sie um, nach alter Gewohnheit, und dieses Mal freut sie sich richtig auf die neue Situation:

»Ich habe eine sehr schöne Kombination gefunden, einen alten Turm, d. h. ein Gebäude mit drei kleinen Räumen übereinander, die durch Leiter und Luke verbunden sind, drum herum große Lorbeerbüsche und Weinberge, ganz allein, und ein möbliertes Zimmer ca. 4 Minuten davon. Dort wird man schlafen, und

---

[90] Emil Ludwig, *Geschenke des Lebens*, S. 72
[91] Franziska Gräfin zu Reventlow, *Briefe 1890–1917*, S. 561
[92] A. a. O.

tagsüber im Turm hausen. Im untern Raum wird gekocht, im mittleren arbeite ich und im oberen treibt Bubi sein Wesen.«[93]

Und dort, unter der großen Kastanie an einem alten Tessiner Steintisch vor dem Turm, beginnt sie nun so ernsthaft und konzentriert zu schreiben wie vorher nur einmal in ihrem Leben, als sie *Ellen Olestjerne* schrieb, und damals war sie auch auf dem Land, in Oberbayern.

Bohdan von Suchocki. »Mit ihm tanzen ist wirklich schöner Wahnsinn« (Fanny zu Reventlow)

»Schwabing rückt vor«

Das erste kleine Buch, das in Ascona entsteht, hat auf den ersten Blick nichts mit ihrer Umgebung zu tun: *Von Paul zu Pedro*[94] ist unter der elegant-ironischen Oberfläche eine ganze Phänomenologie der Erotik, heiter, ein wenig frivol und durchaus schockierend für die, die das von Männern gepflegte Dogma von der Monogamie der Frau vertreten. Vergegenwärtigt man sich allerdings die Nähe des Monte Verità mit allen seinen verschiedenen Theorien über die Befreiung der Frau und dazu die von Otto Gross propagierte Revolution für das Matriarchat, kann man *Von Paul zu Pedro* auch als Antwort der Gräfin dazu lesen – als ihre individualistische Lösung des »Frauenproblems«; und sie zeigt sich darin ihres Schwabinger Rufes als einer souveränen Hetäre vollkommen gewachsen.

In ihrem zweiten Buch *Herrn Dames Aufzeichnungen oder Begebenheiten aus einem merkwürdigen Stadtteil*[95] versetzt sie sich noch einmal nach Schwabing in die Zeit zurück, als es zum Synonym für »Boheme«, für die Vermischung von Kunst und Leben und für die erotische Rebellion wurde. Während sie an

---

[93] A.a.O., S.527
[94] Franziska zu Reventlow, *Von Paul zu Pedro. Amouresken,* München 1912
[95] Franziska zu Reventlow, *Herrn Dames Aufzeichnungen oder Begebenheiten aus einem merkwürdigen Stadtteil,* München 1913

dem Roman schreibt, gehen viele Briefe zwischen ihr und dem Philosophen Paul Stern hin und her – sie bittet ihn um Hilfe bei den schwierigen Themen der Kosmiker und den streng geheimen Interna des George-Kreises, die sie genüsslich ausbreitet. Und so kommen alle darin vor – Wolfskehl, Klages und Schuler, der »Sonnenknabe« Roderich Huch (der inzwischen längst ein renommierter Rechtsanwalt geworden war), der »Meister« Stefan George, Franz Hessel als eines der Vorbilder für »Herrn Dame«, der Geliebte Bohdan von Suchocki und viele andere; der legendäre Schwabinger Fasching, die Antiken-Feste mit Maskenzug

Faschingsfest der Kosmiker: Stefan George (links) als Dante, Karl Wolfskehl (Vierter von links) als Homer.

Fanny zu Reventlow in der Küche im »Eckhaus« in der Kaulbachstraße, wo sie mit Franz Hessel und Suchocki zusammenwohnte.

und die verkaterten Tage im »Eckhaus« in der Kaulbachstraße, das die Gräfin von 1903 bis 1906 zusammen mit Hessel und Suchocki bewohnte und das zum Dreh- und Angelpunkt der Boheme wurde.

Gräfin zu Reventlow an Paul Stern

[Ascona, 14. Juli 1912]
Lieber Stern,
[...]
Man bete für mich! – Schwabing rückt vor. Stern, können Sie mir nicht ein kleines Gespräch über schwarze u. weisse Magie machen u. etwas allgemein Orientierendes über Kreis u. Meister? Situation eines der ersten Gespräche im Cafè, bei dem Herr Dame dabei ist u. ein Philosoph (!). Der Philosoph streitet mit einem Jüngling über Magie, dann über Kreis. Ich dachte dann etwa so: Dame fragt, nachdem der Jüngling fort ist, was das alles heisse, u. der Philosoph belehrt ihn scherzhaft. Dame wird konfus u. hält den Meister für eine Art Zauberer. Dann gerät er einen Abend zu Klages u. Fritz Huch, trifft nachts den Philosophen, der ihn wiederum über Schwabing im Allgemeinen belehrt, etwa: Schwabing nicht ein Stadtteil, sondern eine geistige Bewegung – u. über den Unterschied zwischen dem Kreis und den Enormen (den weiss ich auch nicht recht zu formulieren).

Vielleicht schicke ich Ihnen diesen Anfang, Bubi muß ihn mir diese Tage tippen u. – wenn Sie dann etwas ergänzen wollten – selbstverständlich nur bei Zeit u. Lust. Weiter lernt er die Leute im »Eckhaus« kennen (Kaulbachstrasse). Die schleppen ihn auf ein Fest, wo dann Gespräche über die Geste stattfinden. –[96]

Handgeschriebene Postkarte von Alfred Schuler an Franziska zu Reventlow

---

[96] Franziska Gräfin zu Reventlow, *Briefe 1880–1917*, S. 537f.

[Ascona, Juli 1912]
Jetzt wird Dame durch einen Kaulbach-Karneval geführt, da möchte ich brennend gerne noch einen Jour oder Privattee bei Wolfskehls machen, aber *ich kann nicht*. Und jetzt soll er Schuler kennenlernen, auch da bin ich ratlos, ich weiß nicht weiter als: Wissen Sie, daß bei den alten Römern – [97]

[Ascona, Juli 1912]
(Urschauer hab ich auch noch aufgehoben, das muß der indiskrete Sonnenknabe gelegentlich als Anekdote erzählen, etwa in Gegenwart von Adrian-Schmitz, der dann auch welche erleben will.) Alles mit Ur – überhaupt müßte ich noch etwas wissen – warum die Urzeit so enorm ist? Und alles mit Blut – [...]
Nach dem, was ich Ihnen schicke, kommt ein Gespräch, worin Willi ihm von dem Mutter-Hetärentum erzählt – gibt es darüber auch noch etwas Bemerkenswertes zu sagen – Ausführliches?[98]

[Ascona, Ende Juli 1912]
Lieber Stern,
Ihre Ergänzungen sind glänzend, die Verbrecher in der Gräberstrasse entzükken mich. –
1. *Zum Einführen des Wortes kosmisch könnte vielleicht die Hausfrau bei der Tiberiusgeschichte Delius fragen – ist das nicht wirklich kosmisch?* Vergessen Sie nicht, diese Frage extra zu beantworten (feuchte Wiesen, Urschauer etc. möchte ich später als indiskrete Erzählungen des Sonnenknaben verwerten. Es muss dann allmählich schon auf seinen molochitischen Niedergang vorbereiten).
[...]
Nun wird das Fest selbst kommen. Details: Schuler als Matrone (Mama, die darüber klagt, dass sie ihren eigenen Sohn nicht mehr erkennen kann.) Der Umzug mit dem Cabylenlied – Dame versteht nicht, weshalb die Völker des Altertums des Ruhmes ermangeln. – Der Privatumzug des Cäsar, den Schuler nicht mitmacht – man stiehlt sich zu den Füssen des Meisters und wird photographiert. Irgendwo wird geknäuelt und Adrian sagt zu einem Franzosen: c'est une orgie! Tanz der Wurra – das ist ungefähr alles was ich weiß. – Waren Sie eigentlich damals dabei? Adrian muss irgendeine Taktlosigkeit begehen, damit er später geschwenkt wird. [...] Dank für alles, lieber Stern
Ihre F. R.[99]

[97] A. a. O., S. 540
[98] A. a. O., S. 542
[99] Franziska zu Reventlow, *Briefe 1890–1917*, S. 542ff. Originale im Nachlass Reventlow, Monacensia, München

Anhand der Briefe kann man Stück für Stück miterleben, wie der Roman voranschreitet, und es ist einigermaßen erheiternd zu sehen, wie wenig anfällig Gräfin Reventlow für die Ideen der Kosmiker war; sie konnte 1912 noch nicht wissen, welchen Abgründen diese später Vorschub leisten würden. Aber ihr satirischer Ton konnte den hellhörigen Leser doch schon damals darauf aufmerksam machen, welche Gefahren in der Realisierung des völkischen und rassistischen Fanatismus liegen können.

Ihr Schwabing-Buch hat ganz wesentlich zu der Vorstellung beigetragen, die wir heute noch mit Schwabing um 1900 verbinden: »Wahnmoching ist eine geistige Bewegung, ein Niveau, eine Richtung, ein Protest, ein neuer Kult oder vielmehr der Versuch, aus uralten Kulten wieder neue religiöse Möglichkeiten zu gewinnen«[100] – schrieb sie am Monte Verità in Ascona 1912. So hätte es auch ein früher Siedler vom Monte Verità sagen können, mit dem kleinen Unterschied, dass die meisten Monteveritaner zu humorlos waren, um ihr Unternehmen mit Wahn in Verbindung zu bringen.

Dass das Schwabing-Buch der Gräfin den Nerv der Zeit genau getroffen hat, geht aus einem späten, sehr berührenden Brief von Karl Wolfskehl an Ludwig Curtius aus dem Neuseeländer Exil hervor:

»Die beste Quelle, fast bis ans Tatsächliche heran, jedenfalls doch für Stimmung und Luft der Epoche, ist und bleibt der Reventlow ›Herrn Dames Erlebnisse‹.«[101]

Scheinheirat mit Seeräuber

In der Zwischenzeit war allerlei geschehen. Fanny zu Reventlow hatte neue Freunde gewonnen, und Frieda Gross, die sie schon aus Schwabing kannte, lebte mit Ernst Frick ganz in der Nähe; Frieda bekam drei Töchter von ihm. Er hatte sich aus der Züricher Anarchistenszene zurückgezogen und begann bald darauf, ein sehr ernsthafter Maler zu werden; durch eine Denunziation kam seine Beteiligung an den Züricher Anschlägen jetzt doch

[100] *Herrn Dames Aufzeichnungen*, S. 36
[101] Karl Wolfskehl, *Briefwechsel aus Neuseeland, 1938–1948*, Band 2, Darmstadt 1988, Brief vom 23. September 1946

Alexander von Rechenberg-Linten, der »Seeräuber«

noch heraus, und die nun folgenden Prozesse verfolgte Fanny zu Reventlow mit großem Engagement.

Aber das Wichtigste, das, was sie lakonisch als »Utilitätssache ohne persönliche Consequenzen, aber Bubiadoption. Später einmal pekuniäre Folgen«[102] bezeichnet hatte, war die Hochzeit mit dem Baron Rechenberg, die tatsächlich stattgefunden hat. Man kann sich vorstellen, dass die grotesken Aspekte dieser Eheschließung für die Gräfin eine unendliche Quelle für Geschichten waren, die ein paar Jahre später ja auch geschrieben werden. Mit Briefen fängt es auch hier an:

Franziska Gräfin zu Reventlow an Friedel Kitzinger[103]

Ascona, Juni 1911

Liebe Frau Friedel!
[...] Ich habe es hier so viel besser als in München, es ist ein kolossales Ausruhen, wir sind immer so eben durchgerutscht, und jetzt scheint es bergauf zu gehen, ich habe ein paar freie Monate vor mir und in denen sollen Wunder geschehen. Das erste Geschreibsel hat der Simpl gleich angenommen, das ist doch ein gutes Omen, und ich werde jetzt vieles zusammenschmieren.

Ernst Frick auf dem Lago Maggiore um 1915

[102] Postkarte von Franziska zu Reventlow an Dr. Gruhle, Locarno 17. Februar 1911, Nachlass Reventlow, Monacensia
[103] Brief an Friedel Kitzinger, verheiratet mit dem Professor für Strafrecht Friedrich Kitzinger in München, in: Franziska zu Reventlow, *Briefe 1890–1917*, S. 578,

Geheiratet haben wir auch – vor vierzehn Tagen, es war der reinste Karneval. Kirchliche Trauung, die wegen Rußland sein mußte. Vormittags fuhr man in das Felsendorf zur Ziviltrauung. Sämtliche Dorfbewohner standen mit ihren Kindern am Arm um uns herum, und wir legten unsere Zigaretten nur weg, um ›Si‹ zu sagen. Dann über den See nach Locarno zur Kirche. Keiner wußte, wo sie war, da wir alle auf die Ortskenntnis des Gatten gerechnet hatten. Eine halbe Stunde rannten wir durch die Straßen und fragten nach der Chiesa Protestante, bis ein Fuhrmann sie uns zeigte. Vor der Kirche standen Schwiegervater und Schwester in tiefstem Schwarz – wir alle in hellen Sommerkleidern – sahen aus wie eine Tennispartie. Stummes Spiel. Ich ließ, vom plötzlichen Entsetzen erfaßt, alles stehen und rannte in die Kirche, durch die Kirche bis zum Altar – die anderen behaupteten nachher, es hätte ausgesehen, als ob ich zu einem Bahnhofsbüfett stürzte, um noch rasch etwas zu trinken. Na, der Seeräuber fand sich dann auch ein, der Pastor hielt eine endlose Rede, und wir rangen unsere Heiterkeit nach besten Kräften nieder. Es kamen bedenkliche Stellen vor: Herr, Du wolltest ihnen beistehen in all ihren rechtmäßigen Geschäften – und ich sollte von allem Schweren, was das Leben bringt, an seiner treuen Brust ausruhen.

Dann war es vorüber, der Alte wollte seinen Sohn segnend auf den Kopf pratzen. Der machte einen wilden Seitensprung, und die Schwester fiel mir um den Hals, hatte aber auch nicht viel davon.

Draußen zog der Alte mich beiseite, schwiegertochterte und duzte mich und überreichte mir ein Portemonnaie mit 100 Frs. Dann schoben wir die Familie ab und gingen ins Café. Der arme Seeräuber sagte, ihm sei zumut gewesen, als ob er gehängt würde.

Der Schwiegervater machte mir am nächsten Tag einen Besuch und war etwas erstaunt, daß sein Sohn nicht da war. Mit ihm duze ich mich jetzt, mit dem Gatten nicht. Überhaupt, der Alte liebt mich und steigt mir direkt nach. Es ist sehr lustig. Ich kann nicht anders sagen, als daß ich mich in dieser Ehe durchaus glücklich fühle. [...] Sie sollten hierher kommen, es ist ein Paradies, ich bin eigentlich recht froh, daß das Schicksal mich hierher verschlagen hat.

Lebt wohl, Kinder, in alter Freundschaft
Ihre F. R.

Bleibt nur nachzutragen, dass Frieda Gross und Ernst Frick die beiden Trauzeugen waren. Franziska zu Reventlow bekam einen russischen Pass, was später, nach Ausbruch des Ersten Weltkrieges, kein Gewinn für sie war – als feindliche Ausländerin konnte sie nur mit großen Schwierigkeiten nach Deutschland fahren.

Die Zeit des Wartens auf den Erbfall verbrachte die Gräfin teils schreibend in ihrem Turm, teils auf kurzen Reisen nach Rom; den Seeräuber-Gatten traf sie nur selten und dann immer unter dramatischen Umständen. Der Schwiegervater war ihm auf die Schliche gekommen und setzte ihn auf das Pflichtteil, was für die Gräfin immer noch eine sehr ansehnliche Summe bedeutete. Der Schwiegervater starb 1913. Die Testamentseröffnung stellte eine Summe von 50 000 Franken in Aussicht, deren Auszahlung sich allerdings sehr hinzog, zumal das Geld in Aktien der Eisenbahnen Moskau–Kiew–Woronesch angelegt war.[104] Der Locarneser Bankdirektor empfahl beiden Erben, die Aktien zu verkaufen und das Geld nach Locarno transferieren zu lassen. So geschah es. Und sie tat »zum ersten Male in ihrem Leben etwas vollkommen Korrektes«[105]: sie übergab das Geld der Bank.

Dann passiert das absolut Unwahrscheinlichste in dieser ganzen Groteske – die Schweizer Bank macht bankrott. »Es scheint kein Segen an dem Geld gehangen zu haben«[106], kommentiert die Gräfin lakonisch den Zusammenbruch. Emil Ludwig berichtet:

»›Schade‹, sagte sie ganz ruhig, als ich ihr eine Art von Kondolenzbesuch machte. [...] ›Das Dumme ist nur, daß mit der Bank nicht auch die Heirat gekracht ist.‹

Nie habe ich eine Frau von so taktvollem Humor gefunden: alles an ihr war Lady, obwohl sie nichts besaß, um Geldes willen Bücher schrieb oder auf eine andere Art Löwensofa machte. [...]

›Wie bringen Sie es nur fertig‹, fragte sie mich in späteren Jahren, ›500 Seiten zu schreiben? Ich bringe es immer auf höchstens 180.‹ Und als sie dann mit der Maschine meine Manuskripte abschrieb, sagte sie: ›Gott sei Dank, daß ich jetzt keine Bücher mehr selber schreiben muß!‹ Und doch waren diese Bücher so behend und wehen auch heute noch jeden an wie ein Morgenwind.«[107]

»Der Geldkomplex«

Der Tessiner Bankenkrach war ein spektakuläres Ereignis in Locarno und betraf alle Einwohner in irgendeiner Form; jeder wusste über die Verluste des anderen Bescheid, und die Gräfin und ihr Baron waren im Zentrum der Geschehnisse, was ihre Kreditwürdigkeit eher erhöhte. Für Fanny zu Reventlow war er das

---

[104] Siehe auch Brigitta Kubitschek, *Franziska Gräfin zu Reventlow*, Prien am Chiemsee 1994, S. 428
[105] Erich Mühsam, *Unpolitische Erinnerungen*, S. 154
[106] A. a. O.
[107] Emil Ludwig, *Geschenke des Lebens*, S. 273

plötzliche Ende einer Hoffnung auf Reichtum, an den sie nie wirklich glauben konnte; die märchenhafte Steilvorlage von Scheinheirat mit Seeräuber bis Bankrott nutzte sie literarisch darüberhinaus für ein Thema aus, das sie ihr ganzes Leben begleitet hatte und das sie nun in vielen Facetten umkreist und definiert: ihr Verhältnis zum Geld. Und schon auf den ersten Seiten des Romans *Der Geldkomplex* wird deutlich, dass sie inzwischen mit der Psychoanalyse in Berührung gekommen ist, die sie zwar zeitweilig ironisiert, aus der sie aber offensichtlich allerlei inspirierende Erkenntnisse gewonnen hat. Der Roman ist in Briefform an »Maria« geschrieben (das ist auch einer ihrer fiktiven Namen in *Herrn Dames Aufzeichnungen*).

»Ich habe die Sache mit dem Geld niemals ernst genug genommen, ließ es so hingehen und dachte, es würde schon einmal anders werden. Kurz, um mich im Freudianerjargon auszudrücken – ich habe es entschieden ins Unterbewusstsein verdrängt, und das hat es sich nicht gefallen lassen. Bitte, haltet mich nicht für ernstlich gestört, aber ich bin tatsächlich dahin gekommen, es – das Geld – als ein persönliches Wesen aufzufassen, zu dem man eine ausgesprochene und in meinem Falle qualvolle Beziehung hat. Mit Ehrfurcht und Entgegenkommen könnte man es vielleicht gewinnen, mit Haß und Verachtung unschädlich machen, aber durch liebevolle Indolenz verdirbt man's vollständig mit ihm. [...] Ich hatte auch das blinde Gottvertrauen nicht mehr und fühlte, daß die Kluft, die sich zwischen ihm – dem Geld – und mir aufgetan hatte, nicht mehr zu überbrücken war. Es begann sich an mir zu rächen, und das Infame an dieser Rache war, daß es mich nicht nur mied, sondern eben durch seine völlige Abwesenheit alle meine Gedanken und Gefühle ausschließlich erfüllte, mich vollständig in Anspruch nahm und sich nicht mehr ins Unterbewußtsein verdrängen ließ.

Es gibt Momente, wo Leute anfangen zu beten. Und es gab einen Moment, wo ich anfing zu rechnen, blind und inbrünstig zu rechnen. [...] Mein ganzes Leben zog wieder an mir vorüber bis in die kleinste pekuniäre Einzelheit, ich sah ein, daß ich niemals genug Geld gehabt hatte und voraussichtlich nie genug haben würde – alle verdrängten Begehrlichkeiten, alle gescheiterten Luxusträume wachten wieder auf, alles was ich jemals hätte tun oder kaufen mögen [...] gaukelte mahnend vor meinem inneren Auge, und so ging es fort ins Endlose ...[...]

Eben an jenem Morgen traf ich dann einen mir flüchtig bekannten Nervenarzt, einen ›Freudianer‹.

Ich wollte mich unbefangen mit ihm unterhalten, konnte aber aus meinem Gedankengang nicht mehr herauskommen. [...] Er sah mich enthusiastisch an und stellte fest: ich litte an einem schweren Geldkomplex, und den könne man nur durch psycho-analytische Behandlung heilen, die er am liebsten selbst übernehmen wollte. Im weiteren Verlauf des Gesprächs schlug er mir vor, ich solle mich einstweilen in die Anstalt seines väterlichen Freundes, Professor X., begeben, er selbst habe die Absicht, seine Ferien dort zu verbringen.«[108]

Aus den Tagebüchern der Gräfin Reventlow, die ja nur bis zu ihrer Abreise aus München 1910 erhalten sind, geht hervor, dass sie Otto Gross in München kennengelernt hat; in Ascona muss er in den Gesprächen mit Frieda Gross und Ernst Frick immer präsent gewesen sein. Das Sanatorium, in dem *Der Geldkomplex* spielt, wird manchmal auch als ›Nervenheilanstalt‹ bezeichnet, es ist sehr wahrscheinlich, dass sie Gross dort auch noch getroffen hat. Der Roman ist eines der frühen literarischen Zeugnisse für den Einfluss der Psychoanalyse auf die Literatur – hier ist sie das untergründige Thema, das in vielen Variationen durchgespielt wird. »Der Freudianer« trägt ganz sicher Züge von Otto Gross.

»Recht unglücklich kam gerade in diesen Tagen Doktor Baumann, der Freudianer hier an. [...] Er brennt vor Tatendurst und wollte mich sofort seiner Analyse unterziehen. [...] Nachdem er mich hier untergebracht hat [...], kann ich jetzt unmöglich sagen: Lassen Sie mich in Ruhe, ich halte Ihre Behandlung für einen Schmarrn und bin mehr als je überzeugt, daß mein Leiden nur durch positives Geld zu heilen ist. [...]

Nun ist er beständig unzufrieden, weil ich nicht das antworte, was er möchte. [...] Etwa so: wenn jemand sein ganzes oder halbes Leben lang vor allem nach Geld trachtet, muß er viele andere, lebendigere Regungen, wie vor allem die erotischen, unbedingt verdrängen ... Daß ich in der Verdrängung der ›Erotik‹ erhebliches geleistet habe, konnte ich nun wirklich beim besten Willen nicht behaupten ... im Gegenteil, es wäre mir und meinen Finanzen sicher besser gewesen, ich hätte es mehr getan. [...] Gut, er kam allmählich auf die Spur. Es war eben umgekehrt, als wie er anfänglich gemeint hatte. Das Geld selbst war verdrängt worden, nicht die anderen Dinge, und ich war also doch etwas anomal.«[109]

Das Verhältnis zum Geld zieht sich durch den ganzen Roman, und wenn sie am Anfang gedacht hatte, dass einfach nur der Besitz von Geld sie von dem Komplex befreien würde, dann wird sie in einer sehr heiteren Szene eines Besseren belehrt. In der Fiktion ist der Erbfall eingetreten, das Geld ist zum Greifen nah, und mit einem Kredit darauf fährt sie mit ihrem Sohn (wie in Wirklichkeit auch) und Freunden nach Monte Carlo.

»Hier bin ich vollkommen und wunschlos glücklich, Maria, mir ist, als hätte ich die Heimat gefunden und alles, was dazugehört. [...] Denn ich muß bemerken, das jeu hat für mich nichts Aufregendes, es wirkt im Gegenteil beruhi-

---

[108] Franziska zu Reventlow, *Der Geldkomplex*, erschienen 1916 in München, hier zit. aus Frankfurt a. M. / Berlin 1987, S. 10–14

[109] A. a. O., S. 45ff.

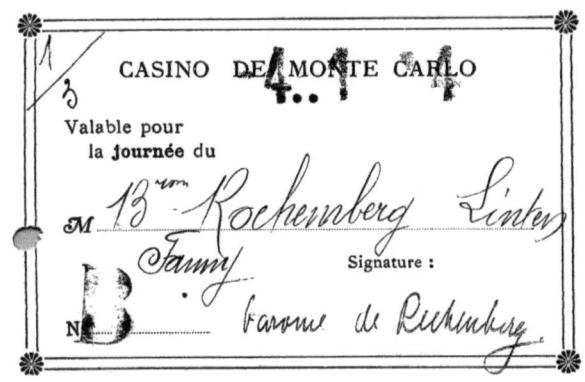

Persönliche Eintrittskarte für das Casino Monte Carlo. »Man sieht nur Geld, hört nur Geld, fühlt nur Geld, und das ist gerade das, was mir nottat ...« (aus: *Der Geldkomplex*)

gend, man sieht nur Geld, hört nur Geld, fühlt nur Geld, und das ist gerade das, was mir nottat. [...] [Mein Geldkomplex], behauptet Baumann, sei jetzt erst auf dem Höhepunkt angelangt. Aber das interessiert mich jetzt nicht mehr.«[110]

1913 und 1914 kommt Max Weber (1864 bis 1920) nach Locarno, um Frieda Gross, mit der er durch seine Frau Marianne und durch Else Jaffé gut befreundet ist, in ihrem Prozess gegen den Vater von Otto Gross zu helfen. Nachdem Hans Gross seinen Sohn in der Heilanstalt Troppau hat internieren lassen, klagt er um die Herausgabe seines Enkels und um die Beendigung seiner Unterstützung für seine Schwiegertochter Frieda. Seine Argumentation läuft darauf hinaus, dass sein Enkel in der Obhut des »Bombenlegers« Ernst Frick unter schlechtem Einfluss heranwachse (Ernst Frick verbüßt gerade seine einjährige Haftstrafe in Zürich). Max Weber, dem die ganze Umgebung von Anarchie und Erotik in Ascona eigentlich zuwider ist, gründet seine Taktik auf ein Gutachten für Frick, in dem er geltend macht, dass Frick sich ganz vom Anarchismus abgewendet habe und dass es überhaupt keinen Grund gebe daran zu zweifeln, dass Frieda eine verantwortungsvolle Mutter sei. Weber schreibt an seine Frau über »diese Welt voll Zauberweiber, Anmut, Tücke und Glücksbegier«[111], und er bemerkt dazu, er sei kein geeigneter Freund für »spezifisch erotische Frauen«. Das Interessante ist aber, dass nach diesen Aufenthalten in Ascona seine streng moralischen Ansichten über Erotik und freie Liebe langsam ins Wanken geraten und dass er dann, als er schließlich in München ankommt, die lang herausgeschobene Liebe zu Else Jaffé akzeptiert.

Auch Fanny zu Reventlow hatte ein Anliegen an Max Weber, dem er nur widerwillig nachgab: sie wollte ihren Sohn Bubi zum Schweizer machen, damit er nicht in Deutschland zum Kriegsdienst eingezogen würde. Das gelang nicht, und

---

[110] A. a. O., S. 105
[111] Marianne Weber, *Max Weber*, München/Zürich 1989, S. 498

Fanny zu Reventlows Grab in Locarno

als er 1916 tatsächlich antreten musste, erlebte sie die schrecklichste Zeit in Ascona – voller Angst und Verzweiflung um den Sohn. Der hat eines Tages auch keine Lust mehr zum »Krieg spielen« und flieht über den Bodensee, sehr zur Erleichterung der Gräfin. Als Fahnenflüchtiger darf er allerdings nicht im Tessin wohnen, sondern in Zürich. Dort erhält er die Nachricht, dass Fanny zu Reventlow am 26. Juli 1918 nach einem Fahrradsturz während der Operation gestorben sei. Sie war 47 Jahre alt. Ihr letzter Freund, der Locarneser Anwalt Mario Respini-Orelli, richtete die Beerdigung in Locarno aus, die Freunde aus Ascona waren dabei, und Emil Ludwig sprach am Grab.

Kapitel 4
»Jeder Mensch ist ein Tänzer«

Rudolf von Laban und Mary Wigman

Was hatten wir bisher geleistet? Die denkwürdigen Faschingsfeste, von denen später behauptet wurde, daß sie als erste den Weg zur Zukunft einer neuen deutschen Bühnenkunst wiesen, gipfelten in einer Gegenüberstellung des Hexensabbats der Großstadt mit dem Hexensabbat der unberührten Natur. Die achthundert Darsteller, die brav auf den kalten Treppen hinter der Bühne warteten, bis alle Zuschauer und dann zuletzt auch noch der Hof erschienen war, füllten einen riesigen Höllenrachen mit einem Gewimmel von Riesen und Dä-

Mary Wigman am Lago Maggiore

monen, von Hexen und Zwergen und allen erdenklichen Märchenfiguren. [...] Unsere großen Säle reichten nicht aus, um die vielen Darsteller aufzunehmen. Die Leute konnten nur truppweise vorgenommen werden. [...] Wenn sie dann endlich drankamen, konnten wir auch nicht viele Umstände machen, es hieß einfach Schuhe ausziehen, Damen Korsette weg, tiefe Kniebeugen, Gehen, Laufen, dann endlich die notwendigen Einstudierungen der Schritte und Gesten, und dann kam die nächste Hundertschaft dran. [...]

Es war ja schön, daß der Tanz auf diese Weise einmal die große Öffentlichkeit eroberte, aber die jungen Künstler, werden sie in diesem Trubel jene Werkliebe und Werktreue finden, auf der sie einzig und allein ihr späteres Schaffen aufbauen können?«[112]

Der Tänzer und Choreograf Rudolf von Laban (eigentlich Reszö Laban de Váraljas, 1879–1958) inszenierte 1913 und 1914 riesige Faschingstanzvorstellungen in München, wo er seit 1910 eine Tanzschule betrieb. Große Tanzfeste werden auch in seiner weiteren Karriere eine Rolle spielen, aber 1913 suchte er nach einer Möglichkeit, den Tanz von seinen konventionellen Fesseln zu befreien und in ein ganzes Lebenskonzept zwischen Askese und Fest zu verwandeln; er sollte auch aus der Unterordnung unter die Musik hervortreten und als eigenständige, absolute Kunst neu erstehen. Nur kurze Zeit später wird seine Schülerin Mary Wigman (1886–1973) diese Ideen in ihrer Form des »Ausdruckstanzes« zu großem Erfolg führen.

»Es war im Winter 1913 auf 1914, als ein junges Mädchen durch einen gemeinsamen Bekannten Verbindung mit mir suchte, um mich auf ihren Tanzlehrer aufmerksam zu machen«, schreibt Hans Brandenburg in seiner Autobiografie. »Sie war eine Zeitlang Schülerin von Dalcroze in Hellerau gewesen, hatte dann aber erst in jener neuen Persönlichkeit den Mann gefunden, mit dem sie sich künstlerisch auf halbem Wege traf, mit dem sie wirklich zusammen arbeiten konnte. Sie war bescheiden, schöngeistig, und sie zeigte mir in der Studentenbude ihrer kleinen Münchener Pension eigene literarische Versuche. Auf ihrem Tisch lag mein erst kurz erschienenes Buch ›Der moderne Tanz‹, sichtlich durchgearbeitet, mit Bleistiftstrichen auf den Seitenrändern. [...] Die Vorführung, zu der ich kommen sollte, fand an einem Nachmittag vor geladenem Publikum im ›Museum‹ statt. [...] Der Lehrer sprach von einem Raumgefühl, das sich, wie ein sechster Sinn, auch Rücken gegen Rücken bewähren müsse. [...] Die Übungen waren meist von rhythmischer Geräuschmusik begleitet, was man noch nie erlebt hatte. In langem Seidenkittel tanzte meine neue Bekannte ohne jede Begleitung. [...]

Der Name Laban war mir zum ersten Mal auf einem Plakat begegnet, das zu

---

[112] Rudolf von Laban, *Ein Leben für den Tanz*, Bern und Stuttgart 1989, S. 104ff.

einer Reform des Gesellschaftstanzes aufrief. Jetzt war davon nicht mehr die Rede, sondern die Bemühung galt der Drei-Einheit Tanz, Ton, Wort, und in jeder Übungsstunde war der Bewegung Gesang und Sprache beigestellt.«[113]

Das war Hans Brandenburgs (1885–1968) erste Begegnung mit Mary Wigman (die damals noch Wiegmann hieß) und Rudolf von Laban in München, mit dem er in der Folgezeit eng zusammenarbeitete.

Hans Brandenburg war Schriftsteller, auch sein erster Weg hatte ihn ins Café Stefanie geführt, als er als junger Student 1903 in München angekommen war, wie er in seinen berühmt gewordenen Lebenserinnerungen *München leuchtete*[114] erzählt. In der Zwischenzeit hatte er sich zu einem engagierten Tanzspezialisten entwickelt, der die Entstehung des modernen Tanzes theoretisch begleitete und vorantrieb. Er war verheiratet mit der Malerin Dora Polster (1884–1958), die einige seiner Bücher illustrierte und auch bei den Schwabinger Schattenspielen mitarbeitete.

Als Brandenburg Rudolf von Laban traf, hatte der schon im Jahr zuvor den Plan gefasst, eine Sommerschule auf dem Monte Verità anzubieten, in der er in freier Natur sein ganzheitliches Konzept des Tanzes verwirklichen wollte. »Unser Denkapparat, unser Empfindungsapparat und unser Muskelsystem können in hervorragender und sinnreicher Weise durch TANZ-TON-WORT kontrolliert und voll entwickelt werden«,[115] hieß es im Schulprospekt. Die Schule sah vor, dass nicht einfach Tanz gelehrt, sondern dass der Tanz in das ganze Leben auf dem Monte Verità eingebettet werden sollte. Damit waren Laban und seine Tänzerinnen im Gegensatz zu den meisten Künstlern, die sich von der ideologischen

Hans Brandenburg und Dora Polster

---

[113] Hans Brandenburg, *Erinnerungen an Labans Anfänge*, Typoskript, Monacensia, Nachlass Brandenburg
[114] Hans Brandenburg, *München leuchtete*, München 1953, S. 13: »Mein Freund und Mentor machte mich auf die Literaten an den kleinen Marmortischen aufmerksam, teilte sie ein in Ästheten und Erdenwurzler ...«
[115] Zit. nach Elisabeth Tworek, Tanz um die Jahrhundertwende, in: *Schwabing. Kunst und Leben um 1900*, München 1998, S. 119

Casa Selma auf dem Monte Verità

Seite der »Individualistischen Cooperative« distanzierten, ganz einig mit Oedenkoven und Ida Hofmanns Intentionen, die Kunst nicht als ein abgetrenntes Feld zu betrachten, sondern sie in alle Bereiche des Lebens zu integrieren. Laban gründete mit Oedenkoven zusammen eine »Schule für Kunst«, in der alle möglichen schöpferischen Fähigkeiten geweckt werden sollten. Es gab Kurse für »Baukunst mit allen einschlägigen Handwerken, Gartenkunst, Wirtschaftskunst und Kochkunst, Weberei, Schusterei, Schneiderei, kunstgewerbliche Arbeiten, Malen und Bilden.« Ein anderer Kurs war der »Wortkunst« gewidmet, zwei weitere hießen »Bewegungskunst« und »Tonkunst«.

Mary Wigman (Mitte)

Labans Tänzerinnen auf dem Monte Verità

Männliche Tänzer gab es nur wenige ...

Tanzkleider und Sandalen

Hexentanz Mary Wigman

»... da war sie – die Hexe – in unersättlicher Lebensgier, Tier und Weib zugleich ...« (Mary Wigman)

Rudolf von Laban beschreibt in seinem Lebensrückblick, wie ihr Leben auf dem Monte Verità aussah:

»Wir fanden in den kleinen Holzhäusern einer ehemaligen vegetarischen Kolonie geeignete billige Unterkunft, Luftbäder, Wiesen, ein kleines Königreich, das wir durch weitere Bauten, die wir selber ausführten, ergänzten und verschönten. Am frühen Morgen schlug ich auf der Veranda meines von Hecken überwucherten Häuschens auf den Gong. Alle traten zur Arbeit an. Die Geräte wurden verteilt, und noch vor der Morgenmahlzeit ging je eine Gruppe in die verschiedenen Gärten, um dort zu jäten, umzugraben, anzupflanzen oder andere notwendige Arbeit zu verrichten. Frauengruppen gingen in die Nähstuben, wo Tanzkleider und Sandalen angefertigt wurden, wir hatten auch eine Backstube und später sogar zwei Webstühle, die uns die notwendigen Stoffe lieferten. Obst wurde eingekocht, und in verschiedenen Schichten wurden die Mahlzeiten vorbereitet und zugerichtet. Unsere Hauptsorge galt unseren Tanzplätzen. Im Anfang benützten wir die vorhandenen Rasenplätze. Später wurden sie eingezäunt und mit Sitzplätzen umgeben. Der Bau eines schönen Doppelplatzes, der eine Teil überdeckt für schlechtes Wetter und die andere Hälfte unter freiem Himmel, war geplant«.[116]

Hans Brandenburg kommt im Frühsommer 1914 nach Ascona. Da er nicht nur dem Tanz, sondern auch den Tänzerinnen sehr zugetan war, lud er eine ganze Schar von ihnen aus Deutschland ein, die sich mit den Laban-Tänzerinnen vermischten – darunter Gertrud Leistikow, Laura Österreich, Käthe Wulff, die Schwestern Gertrud und Ursula Falke und viele andere. Mary Wigman war von Anfang an in Ascona dabei, ebenso wie Labans Frau Maja Lederer mit den Kindern; sie lebte in freundlichem Einvernehmen mit der Assistentin und Geliebten ihres Mannes zusammen – mit der Tänzerin Suzanne Perrottet (1889–1983), die auch ursprünglich eine Schülerin von Émile Jaques-Dalcroze gewesen war. Bevor Suzanne Perrottet zu ihm gekommen war, hatte sich Laban tatsächlich auf die Tradition der »freien Liebe« am Monte Verità berufen, um sie zu überreden.

Laban schrieb: »Es hat sehr vieles, was mir gefällt, vor allem mein Freund Oedenkoven – der Gründer der Kolonie – und seine Ideen. Eine Frage, die Dich interessiert, ist, dass wir – Mitglieder einer individualistischen Gemeinschaft – die Heirat nicht kennen, ich persönlich opfere auch die Süsse des (ehelichen) Zusammenlebens, ich lebe allein. Das wird Dich nicht überraschen, im Gegenteil, ich finde, Du bist wie geschaffen für unsere Ideen.«[117]

Mary Wigman hatte schon in München eine Ausnahmestellung unter den Schülerinnen von Laban eingenommen. Ihre Unzufriedenheit mit der Methode von Jaques-Dalcroze, der den Tanz als »Rhythmische Gymnastik« der Musik unterordnete, ließ sie Labans Ideen wie eine Offenbarung ansehen und gleichzeitig wie etwas, das sie selbst geträumt hatte. Er bestärkte sie darin, mit ihrem Körper zu experimentieren, sich von vorgeprägten Formen zu befreien, den Tanz als etwas Absolutes anzusehen. Das war in gewisser Weise etwas Vergleichbares wie die Entdeckung der abstrakten Malerei, die sich vom Gegenstand löst zugunsten der reinen Farbe und Form. Mary Wigman schrieb später dazu:

»Hier gab es weder Vorbild noch Führung. Hier war ich Neuling, der, ganz auf sich selbst gestellt, die faszinierendste Erkundungsexpedition antrat, die es für den Tänzer gibt: die Entdeckung des eigenen Körpers und seine Wandlung vom Leib zum ›Instrument‹. –

Das Schreiten und Gleiten, das Stürmen, Stürzen und Fallen – die Seligkeit

---

[116] Rudolf von Laban, *Ein Leben für den Tanz*, S. 110
[117] Suzanne Perrottet, *Ein bewegtes Leben*, Berlin 1995, S. 101

des Schwebens in der Überwindung der Schwere durch das himmelstürmende Jauchzen im tänzerischen Sprung …«[118]

Eine ihrer ersten eigenen Choreografien ist ihr grandioser »Hexentanz« 1914.

1926 arbeitet sie noch einmal an dem »Hexentanz« und schreibt dazu in ihrem Buch *Die Sprache des Tanzes*: »Als ich eines Nachts völlig aufgelöst in mein Zimmer zurückkam, traf mein Blick den Spiegel. Was er zurückwarf, war das Bild einer Besessenen, wild und wüst, abstoßend und faszinierend. Die Haare zerwühlt, die Augen tief in ihre Höhlen gesunken, das Nachthemd verschoben und den Körper fast unförmig erscheinen lassend: da war sie – die Hexe – das erdverwurzelte Wesen, in hemmungsloser Triebhaftigkeit, in unersättlicher Lebensgier, Tier und Weib zugleich. […] Es graute mir vor mir selber, vor der Preisgabe dieser Seite meines Ichs, der ich mich in solch unverhüllter Nacktheit noch nie ausgeliefert hatte.«[119]

Hans Brandenburg hatte sich durch Mary Wigman und Laban sofort dazu inspirieren lassen, ein tragisches »Wort- und Tanzspiel« zu planen, das er mit Laban und seinen Tänzerinnen erarbeiten wollte.

Im Mai 1914 schreibt Laban aus München an Hans Brandenburg:

Rudolf von Laban an Hans Brandenburg[120]

München, 9. Mai 14

Lieber Herr Brandenburg! Es wäre *sehr* schade, wenn Ihr und Frau Leistikows Kommen nach Monte Verità unterbliebe. Ein Hindernis für unser gemeinsames Arbeiten wäre dies aber nicht, denn ich bin frei, kann mich im Mte Verità vertreten lassen, und Einstudieren, wo es eben sein muss.

Ich fahre jetzt, Mitte Mai – mit einigen *Anfängern* hinunter. Meine

Hans Brandenburg in Ascona

---

[118] Mary Wigman, zit. nach Hedwig Müller, *Mary Wigman. Leben und Werk der großen Tänzerin*, Berlin 1992, S. 5
[119] Mary Wigman, zit. nach Hedwig Müller, S. 199
[120] unveröffentlichter Brief von Rudolf von Laban, Monacensia, Nachlass Hans Brandenburg

bewährteren Kräfte, die für Ihre Dichtung in Betracht kommen, werden nicht vor *Ende* Juni vollzählig unten versammelt sein, und das nur zum Zwecke der Einstudierung für Köln und Baden-Baden. Vielleicht können wir dann auf ein paar Wochen wieder heraufkommen. So gerne ich natürlich unten bin, so muss die Idylle, die Mte Verità vorläufig ist, der Tat weichen. Die Masse der Leute die unten meine Spiel- und Festgenossen sind, wäre für *Theater*aufführungen und gar auswärts vollständig ungeeignet und unwillig.

In Betracht kommt Wiegmann, die in nächsten Tagen abreist und wohl 14 Tage lang ausbleibt. Frau Lederer, die Ende Juni hinunter kommt, [...] ferner Perrottet, Roebelen etc. die auch erst Ende Juni hinunter kommen. Sprechende *Männer* haben wir vorerst nicht.

Meine eigenen Sommerpläne kennen Sie ja. Hauptquartier in Mte. V. Vorerst habe ich unten in ›Politik‹ zu tun. Die Neuorganisation und Umgestaltung der individualistischen ›Cooperative‹ wird mich in der ersten Zeit sehr in Anspruch nehmen. Ausserdem habe ich vornehmlich Anfängerkurse f. Tanz, Ton, Wort. Wöchentliche kleine Spiele und Feste ausgenommen, wird vor Ende August nichts Grösseres veranstaltet. Dann und im September, bei Beginn der Herbstfremdsaison an den italienischen Seen, will ich einige grössere Festspiele veranstalten.

Diesen Dingen voran geht aber die Ausgestaltung unserer Schule, wie Sie wissen, eventuell auch anderwärts, als auf dem Mte Verità. Ich kann also, wie ich auch allen meinen Schülern sagte, das heurige Sommerprogramm nicht endgültig fixieren, muss mir vielmehr vorbehalten, zumindest persönlich, allen Gelegenheiten entsprechend *freizügig* zu bleiben. Ein paar Leute sind mir auf dieses hin übrigens auch abtrünnig geworden. –

Sie wissen nun was ich treibe. Ich bin fest bereit Ihre Dichtung einzustudieren, sie wissen, dass ich dieselbe für den Beginn des dichterischen Ausdrucks unserer formalen Bestrebungen halte und begrüsse.

Trachten Sie, wie ich ja auch, irgendwo, irgendwie, irgendetwas zu erreichen, um die Aufführung zu ermöglichen, wir machen mit.

Wenn ich Sie vor meiner Abreise nicht mehr sehen sollte, so wünsche ich Ihnen Allen viel Glück fürs Erste und Weitere, und bitte Sie mir über Ihre Möglichkeiten rechtzeitig zu berichten.

Mit herzlichem Gruss
Ihr Laban

Hans Brandenburg kam mit dem noch »tintenfeuchten« Manuskript des »Tragischen Wort- und Tanzspiels« mit dem Titel »Sieg des Opfers« in Ascona an und bezog mit seiner Frau Dora ein kleines Haus auf dem Monte Verità. Über diesen fröhlichen Aufenthalt kurz vor Ausbruch des Ersten Weltkrieges berichtet er ausführlich in seinen Erinnerungen:

»Das Haus, in das wir übersiedelten, lag auf der untersten Stufe einsam hinter Kastaniendickichten, aber der dem holprigen Zugangsweg und seinen Zyklopenmäuerchen abgewandten Front lagerte sich unter freiem Himmel eine kleine Terrasse vor, deren Felssockel, mit Bäumen und Gesträuch die drunten vorbeiziehende Landstraße und die letzten Dorfhäuschen verbergend, jäh in den See hinabzustürzen schien. [...] Zunächst beruhigte es uns, daß wir nicht allein blieben, denn Mary Wigman bezog die Zimmer unter uns. In der Frühe traf ich mit ihr immer in der kleinen geziegelten Küche des Kellergeschosses zusammen. [...] Danach tobte sie sich noch vor Beginn des Unterrichts mit einer Kletterei in den verwucherten Klippen hinter dem Haus aus. [...] Sie gab, bevor Laban erschien, die einleitende frühe Gymnastikstunde, die auf einem mit glatten Steinfliesen belegten großen Viereck hinter dem Speisesaalbau des Gipfels stattfand und bei der auch Dora und ich mitmachten. [...] Hernach begann der eigentliche Tanzunterricht, dem ich nur als Zuschauer beiwohnte und den Laban selbst leitete. Manchmal mußte er erst aus dem Bett geholt werden [...], und unbeschreiblich war sein matter Augenaufschlag und sein barsch vorgeschürzter Mund, der sich zum Kommando sammelte. Aber dann fuhr er wie der Teufel in die Schülerinnen und Schüler [...], und es entstanden, wenn auch noch im kleinen, flüssig gestaltete, meist unbegleitete, stumme Gruppen jener dämonischen und exakten, asymmetrisch raumdurchdringenden und raumbeherrschenden Art, die man hier zum ersten Male sah.«[121]

Hans Brandenburg erzählt von Ausflügen in den Ort, wo er mit seinen Lieblingstänzerinnen über die Stränge schlug und »Fleischernes« aß; sie badeten nackt im Lago Maggiore, »wo sich der Strand mit dem einmündenden Bergstrom in ein arkadisches Delta mit alten Ulmen verlor«, sie stiegen als »bunte Karawane« in die Berge hinauf, mit Sandalen, und machten Schiffspartien bei Nacht mit Lampions, Gesang und »Lautenklang«. »Laban hielt sich würdevoll abseits, wohl in reifere und ernstere Schicksale verstrickt und in ein Werk, das die unzulänglichen tollen jungen Menschen zu anderen Zwecken als zu Lustpartien brauchte. Auch Mary Wigman, unsere Hausgenossin, mied als die Assistentin Labans schon aus Prestigegründen unseren fleischernen Mittagstisch und unsere Streiche und Streifen, unseren heidnischen Badetrubel. [...] Doch verlangte auch ihre noch unterirdisch brodelnde und wühlende Natur gelegentlich nach einem Ausbruch. So lud sie uns und unsere Bande zu einem nächtlichen Gelage in unserem gemeinsamen Domizil. Sie hatte Körbe voll gebackener Schnitzel und einen großen Weinvorrat aus der Trattoria des Dorfes heraufbringen lassen,

---

[121] Hans Brandenburg, *München leuchtete*, S. 481f.

Mary Wigman am Ufer des Lago Maggiore

und namentlich die Vegetarier und Abstinenzler stürzten sich über beides, desto ausschweifender, als es heimlich und mit schlechtem Gewissen geschah.«[122]

In diesem Zusammenhang erwähnt Brandenburg auch die beiden Maler Heinrich Maria Dawringhausen und Carlo Mense, die offenbar 1914 ebenfalls dort waren und an dem Gelage teilnahmen. Brandenburg stellte eine Art Seelenverwandtschaft zwischen den beiden und Mary Wigman fest – »den verborgen lodernden künstlerischen Radikalismus«.[123]

»Istars Höllenfahrt«

Rudolf von Laban war mit seinen Choreografien beschäftigt, die zu den Sommerfestspielen aufgeführt werden sollten. Eine davon war »Istars Höllenfahrt«, die er im Rückblick in seinem Buch *Ein Leben für den Tanz* beschrieb; daran wird auch deutlich, welchen pädagogischen und spirituellen Ansatz er mit seinen Stoffen verband:

»Da haben wir die uralte Erzählung von Istars Höllenfahrt tänzerisch durchdacht und aufgeführt. Istars Fahrt zur Unterwelt ist eigentlich ein Sonnenuntergang-Mythus, der sich aber durch einen besonderen geistigen Inhalt auszeichnet. Istar, die Königin, legt an jedem der sieben Tore der Unterwelt ein Schmuckstück oder Kleidungsstück ab, bis sie in schlichter Menschlichkeit vor dem letzten Tore steht. In meiner tänzerischen Ausdeutung waren die von ihr abgefallenen weltlichen Dinge durch Gestalten ihres Gefolges versinnbildlicht. Es waren die Eitelkeiten, Egoismen und Untugenden des Menschen, von denen an jeder Pforte eine zurückbleiben musste, bis Istar allein das letzte Tor durchschritt. So verabschiedete die Königin die Krone des Hochmuts, den Mantel der Heuchelei, das Szepter der Gewalttätigkeit, den Halsring der Eitelkeit, den Schleier der Selbstsucht, den Gürtel der Feigheit, um hinter der letzten Pforte von den gereinigten und veredelten Seelen ihres Gefolges mit einem stolzen freien Reigen begrüßt zu werden, in dem sie dann nicht mehr als Herrscherin, sondern als eine von vielen Gleichstrebenden mittanzte. Dieses ›Tendenzstück‹ ist ein Schulbeispiel dafür, wie ich durch die Macht der tänzerisch ausgedrückten Gedanken meine Gruppe zum Verzicht auf alle zivilisatorischen Reizungen zu bewegen suchte. Ich habe über diese Dinge kaum einmal gesprochen, denn sie ergaben sich durch die ganze Lebensführung in der Tanzfarm und durch den Inhalt unserer künstlerischen Arbeit von selbst.«[124]

Das andere Stück, an dem sie im Sommer 1914 heftig arbeiteten, war das von

---

[122] Hans Brandenburg, *München leuchtete*, S. 483f.
[123] A.a.O., S. 484
[124] Rudolf von Laban, *Ein Leben für den Tanz*, S. 110f.

Hans Brandenburg für die Gruppe geschriebene Stück »Sieg des Opfers.« Es war ein düsteres Inzest-Stück, das die Tänzer auch zum Schauspielen verpflichtete. Die chorisch-tänzerisch-sprachliche Gestaltung stellte ganz neue Anforderungen und schuf große Probleme, zumal es nur einen jungen männlichen Tänzer gab. Als Solotänzerinnen sollten Suzanne Perrottet, Gertrud Leistikow und Mary Wigman mitwirken. Mary Wigman erzählte später von den Proben, auf denen es turbulent zuging:

»Der blutjunge Tanzschüler, dem man die Rolle des ›bärtigen Verführers‹ zugeteilt hatte, verfügte zwar über eine starke tänzerische Aussage, aber er stammte aus Bayern, und all unser heißes Bemühen, seinen heimatlichen Dialekt in ein einigermaßen verständliches Hochdeutsch umzuwandeln, war und blieb vergeblich. Da stand er nun, in kurzem violetten Tanzkittel, ließ seine Rede vom Stapel und vergaß darüber, dass er ja seine Rolle auch zu spielen hatte. Angstvoll sah er zu Laban hinüber, der ihm zurief: ›Menschenskind, wenn dir nichts anderes einfällt, mach wenigstens einen Drehsprung.‹ Gesagt – getan. […] Mit elegantem Sprung setzte der Junge über die Bahre hinweg, drehte sich in der Luft und landete zu den Füßen der völlig fassungslosen Leistikow. Eine nicht endende Lachsalve belohnte den kühnen Springer. ›Herr von Laban, so geht es nicht!‹«[125]

Tänzer der Laban-Schule

[125] Mary Wigman, zit. nach Evelyn Dörr, *Rudolf Laban: Das choreographische Theater*, Norderstedt 2004, S. 75

Daraufhin bestimmte Laban die Wigman, den männlichen Part zu übernehmen und den Bärtigen zu spielen – »drohend, angreiferisch mit der erschreckenden Dämonie des Inzestes«, wie Brandenburg vorschrieb, und mit Maske. »Zu jener Zeit wäre ich für Laban durchs Feuer gegangen«, berichtet Mary Wigman, »und so lernte ich den reichlich schwülstigen Text und trat zur ersten Probe an. Als ich aber bei den Worten: ›Dein Leib ist wie ein Silberbarren‹ die Regieanweisung erhielt, meinen Kopf in den Schoss der Leistikow zu wühlen, war es aus. Ich stürzte auf Laban zu: ›Wenn du mich dazu zwingst, bringe ich Dich um!‹ Er hielt sich die Hand vor den Mund, um sein Grinsen zu verbergen, und damit waren wir von der Qual weiterer ›dramatischer Proben‹ befreit.«[126]

Damit war »Der Sieg des Opfers« fürs Erste erledigt und in weite Ferne gerückt. Kurz nach diesen Proben brach der Erste Weltkrieg aus, und die deutschen Männer mussten sofort nach Deutschland zurückkehren. Die Tanzschüler und die meisten Gäste des Sanatoriums fuhren auch ab, aber »die Naturmenschen duckten sich vor dem Wetter und fühlten sich in der neutralen Schweiz doppelt geborgen. Laban, der österreichische Generalssohn war Pazifist und ein Gegner der heimischen habsburgischen Politik«, schrieb Brandenburg im Rückblick. »Mir aber schien das tragische Weltgeschehen aus meinem eigenen Herzen aufzusteigen. Dies war ja der Sieg des Opfers, und wir mußten, um ihn zu erringen, unterliegen. Das sprach ich an unserem zum letzten Male bevölkerten Badestrande vor entsetzten Ohren aus.«[127] So Brandenburg in *München leuchtete* vierzig Jahre und zwei Kriegskatastrophen später. 1914 begab er sich auf schnellstem Weg nach München und zog in den Krieg.

Hans Brandenburg als Soldat

Für Mary Wigman und Rudolf von Laban waren diese Jahre auf dem Monte Verità eine Zeit intensivster Arbeit an der Erforschung des Ausdruckstanzes, für den die Natur am Lago Maggiore eine großartige Kulisse bot und der Geist der Freiheit des

---

[126] A.a.O., S. 76
[127] Hans Brandenburg, *München leuchtete*, S. 491

Werbepostkarte für Pfaff-Nähmaschinen von Dora Polster im Ersten Weltkrieg

Monte Verità sie mit ganz neuen Gedanken beflügelte. Für beide war es der Beginn einer großen Karriere, die nach dem Krieg weit über Europa hinaus Impulse für den Freien Tanz stiftete. In den Kriegsjahren suchte die Laban-Truppe auch andere Quartiere auf, kehrte aber immer wieder zum Monte Verità zurück.

Kapitel 5
Der Erste Weltkrieg, das erste Exil

Im Oktober 1913 erschien in München die erste Nummer der Zeitschrift *Revolution*, herausgegeben von Johannes R. Becher im Verlag von Heinrich F. S. Bachmair. Der Original-Holzschnitt auf dem Titelblatt stammte von Richard Seewald, als Mitarbeiter dieser Nummer werden Johannes R. Becher, Erich Mühsam, Hugo Ball, Leonhard Frank, Klabund, Emmy Hennings und andere angegeben, als ständige Mitarbeiter kamen noch Else Lasker-Schüler, Gottfried Benn, Franz Blei, Max Brod und andere hinzu. Drei Jahre später werden die meisten von ihnen in der Schweiz in Zürich sein, und einige werden sich dann auch ins Tessin, nach Ascona und in die Umgebung zurückziehen, bis der Krieg vorbei ist, oder auch ganz dort bleiben.

1. Heft der *Revolution*, Oktober 1913, herausgegeben von Johannes R. Becher

Emmy Hennings und Hugo Ball

Emmy Hennings (1885–1948), die vielgeliebte Kindfrau der Münchner Kabarettszene, hatte sich in den vorangegangenen Jahren als Schauspielerin, Fabrikarbeiterin, Fotografin, Gelegenheitsprostituierte durchgeschlagen, ohne den Anschein von Unschuld zu verlieren, und als sie den »Simplicissimus« als Auftrittsort erobert hatte, war sie im Zentrum der Münchner Boheme angekommen. Der Verleger Bachmair erinnerte sich daran, wie Johannes R. Becher sie dort sah: »Oft gingen wir auch in die Künstlerkneipe ›Simplicissimus‹ der Kathi Kobus in der Türkenstraße, wo es nach Mitternacht für die Stammgäste eine Suppe mit großen Leberknödeln gab. Hier entdeckte

Emmy Hennings

Becher eines der wenigen wirklichen Schwabinger Originale, ein blutjunges Malermodell, Marie Kirndörfer, genannt Marietta. [...] Im ›Simplicissimus‹ begann auch Bechers damalige große Liebe zu der Dichterin Emmy Hennings.«[128]

Johannes R. Becher selbst hat die Liebe ins Café Stefanie verlegt, jedenfalls in einem Gedicht:

In München war's, im Café Stefanie,
Als ich dir, Emmi, die Gedichte sagte,
Die ich allein dir nur zu sagen wagte,
Und häufig kam das Wort vor: ›Irgendwie‹.

Am Tisch daneben spielte Mühsam Schach,
Und Frank saß einem Geldmann auf der Lauer.
(Vielleicht saß der indes im Café Bauer?)
Ein Denker hielt mit Kokain sich wach.[129]

1913 hat Emmy Hennings nicht nur auf der Bühne Erfolg, wonach sie sich ihre

---

[128] Heinrich F. S. Bachmair, in: *Erinnerungen an Johannes R. Becher,* Frankfurt a. M. 1974, S. 19
[129] Johannes R. Becher, *Als namenloses Lied. Gedichte*, Leipzig 1981, S. 189

ganze Jugend hindurch gesehnt hatte, sondern sie wird auch als eigenständige Dichterin wahrgenommen. An den renommierten Verleger Kurt Wolff schreibt sie in sorgfältiger Sütterlin-Schrift:

Emmy Hennings an Kurt Wolff[130]

Sehr geehrter Herr Wolff!
Hier sind acht Gedichte, aber ich sende noch sechs bis sieben. Die sind nämlich bei meiner Mutter und werden [sie] mir nachgesandt. Diese möchte ich besonders gerne gedruckt sehen. Hoffentlich ist es nicht zu spät. Sie wissen vielleicht, daß ich im Cabaret bin, und die Gedichte werden sehr viel gekauft werden, besonders wo ich gerade engagiert bin. Kann ich dann immer bei Ihnen nachbestellen, wenn ich welche brauche? Und bitte schreiben Sie mir, wie teuer dann das einzelne Heft wird. Vielleicht ist manchmal ein Wort falsch geschrieben. Bitte verzeihen Sie es, ich bin Dänin.

In größter Hochachtung
emmy hennings
München
Theresienstr. 30 Gartenhaus I

Emmy Hennings an Kurt Wolff[131]

Sehr geehrter Herr Wolff!
Mit Ihren Vorschlägen bin ich ganz einverstanden. Morgen sende ich bestimmt die letzten Gedichte. Der Titel ›Ätherstrophen‹ gefällt mir nicht. Kann es nicht heißen ›Die letzte Freude‹?
In größter Hochachtung Ihre
emmy hennings

Die Gedichte erscheinen dann tatsächlich unter dem Titel »Die letzte Freude« in der Reihe *Der jüngste Tag* bei Kurt Wolff. Dass sie die Gedichte nicht mehr Ätherstrophen nennen möchte, ist vielleicht ein Hinweis darauf, dass sie sich von einer bestimmten Vergangenheit distanzieren will: vom Rauschgift, dem sie ebenso wie Johannes R. Becher verfallen war. 1914 lernt sie Hugo Ball (1886

[130] Emmy Hennings an Kurt Wolff, *Sammelstück 1*, Monacensia
[131] Emmy Hennings an Kurt Wolff, *Sammelstück 2*, a.a.O.

bis 1927) kennen, mit dem sie mehrere Leidenschaften teilt: Das Theater und das Kabarett, das Spiel, das Schreiben und die Religion. Emmy Hennings, aus Flensburg stammend, war 1911 in München zum Katholizismus übergetreten, was Mühsam ironisch in seinem Tagebuch vermerkte: »Emmy wird heute in der Ludwigskirche getauft. Ihr ist das eine prächtige Sensation – und es ist allerliebst zu sehen, wie sich bei ihr der Entschluß, katholisch zu werden, so durchaus deutlich aus Neugier, Sentimentalität und Geilheit zusammensetzt.«[132]

In ihren späteren Büchern hat Emmy Hennings viel über ihre Identitätssuche und ihre Fluchten geschrieben, über ihr Verhältnis zum Körper, zur Lust, die sie sucht und verachtet, über Prostitution und Zuhälterei. »Alles, was Macht hat, ist Zuhälter. Es brauchen ja nicht immer die Frauen ausgesaugt zu werden. Es gibt auch andere Dinge, die es sich lohnt, auszubeuten, auszutrinken, auszugenießen bis auf den letzten Blutstropfen. Was kräftig leben will, muß Vampir sein, das ist die natürliche Art.«[133] Eines ihrer berühmtesten Gedichte heißt

Traum II

Ich bin so vielfach in den Nächten.
Ich steige aus den dunklen Schächten.
Wie bunt entfaltet sich mein Anderssein.

So selbstverloren in dem Grunde,
Nachtwache ich, bin Traumesrunde
Und Wunder aus dem Heiligenschrein.

[...]

Vielleicht geht ein Gedicht in ferne Weiten.
Vielleicht verwehen meine Vielfachheiten,
Ein einsam flatternd, blasses Fahnentuch ...[134]

Als sie Hugo Ball kennenlernt, ist er noch Dramaturg an den Münchener Kammerspielen und schreibt wilde expressionistische Gedichte – eins heißt »Der Henker«, und wegen dieses Gedichtes wird die erste Nummer der *Revolution* beschlagnahmt, sehr zur Freude der Herausgeber, die sich dadurch einen Verkaufserfolg versprechen. Das Gedicht ist tatsächlich blasphemisch, bis auf die letzten Zeilen, in denen es heißt:

---

[132] Erich Mühsam, *Tagebücher 1910–1924*, München 1994, S. 43
[133] Emmy Hennings, *Das Brandmal. Ein Tagebuch*, Frankfurt a. M. 1999, S. 125
[134] Zit. nach: *Emmy Ball-Hennings 1885–1948: ich bin so vielfach ...*, hrsg. von Bernhard Echte und Katharina Aemmer, Frankfurt a. M. 1999

»Marietta besuchte uns oft im Verlag, was Klabund in einer kleinen Erzählung phantasievoll ausschmückte ...« (Der Verleger Heinrich F. S. Bachmair)

»Da war keine Mutterknospe, kein Auge mehr blutunterlaufen und ohne Hoffen
Jede Seele stand für die Kindheit und für das Wunder offen.«[135]

Dada in Zürich

Bei Kriegsausbruch wollte sich auch Hugo Ball, wie viele der Künstler in seiner Umgebung, in den Krieg stürzen, in eine Realität, die den Expressionismus an Chaos und Untergangsvisionen übertraf. »Kunst? Das ist nun alles aus und lächerlich geworden. In alle Winde zersprengt. Das hat alles keinen Sinn mehr«[136], schrieb er an seine Schwester. Er wurde aber für untauglich befunden, und seine anfängliche Begeisterung wich sehr bald einer Erschütterung über die Kriegsgreuel; er entschloss sich, in die neutrale Schweiz zu fahren, die in dem Moment zum Exil wurde, als er doch noch einen Gestellungsbefehl erhielt und ihn im Zürichsee versenkte. Emmy Hennings begleitete ihn; beide hatten überhaupt kein Geld und waren am Rande des Elends, bis Emmy schließlich einen kleinen Job als Diseuse im Kabarett bekam und Hugo Ball mit der Varieté-Truppe »Flamingo« als Klavierspieler durch die Gegend tingelte. Gleichzeitig arbeitete er an den *Weißen Blättern* mit, die von René Schickele herausgegeben wurden und wegen ihrer pazifistischen Haltung während des Krieges in Deutschland bekämpft wurden; ab 1916 wurden sie in der Schweiz herausgegeben.

»Ball benutzte die herrliche Züricher Bibliothek, und während ich unsere bunten Kostüme flitterte, las er mir aus ›Tauler‹ oder ›Ekkehardt‹ vor. Gerade in der Varieté-Zeit bevorzugte er die Bücher der Mystiker«[137], erzählte Emmy Hennings. Genauso aber beschäftigte er sich mit Bakunin, über den er später schreiben wird, und mit allem, was gerade ans Licht der Öffentlichkeit kommt.

Ab 1915 ist Zürich das Zentrum der internationalen Kriegsgegner, auch viele

---

[135] Hugo Ball, Der Henker, in: *Revolution*, Heft Nr.1, hrsg. v. Johannes R. Becher, München 1913
[136] Hugo Ball, Brief vom 7. August 1914, zit. nach: Theo Kneubühler, *Die Künstler und Schriftsteller und das Tessin*, S. 152
[137] Emmy Hennings, in: Hugo Ball und Emmy Hennings, *Damals in Zürich. Briefe aus den Jahren 1915–1917*, Zürich 1978, S. 14

deutsche Literaten fliehen vor dem Krieg. Eines Tages wagen es Hugo Ball und Emmy Hennings, ein Kabarett zu eröffnen: Das Cabaret »Voltaire«, Spiegelgasse 1 in Zürich, das legendär geworden ist als die Geburtsstätte von Dada. Nur wenige Häuser entfernt in der Spiegelgasse wohnt Lenin. Und hier bündeln sich nun die verschiedensten Kunstströmungen; die aus den Cafés geflohenen Literaten und Bohemiens aus München und Berlin treffen sich in der Spiegelgasse, und gleichzeitig kommen verschiedene Monteveritaner ebenfalls nach Zürich, weil der Monte Verità zu Beginn des Krieges einsam geworden ist. Das betrifft vor allem Rudolf von Laban, Mary Wigman, Suzanne Perrottet und die anderen Tänzerinnen, die sich in der Nähe von Zürich in Hombrechtikon ein neues Quartier für die Tanzschule gesucht haben, weil sie auf dem Monte Verità kein Publikum mehr haben.

Dada wird zeitweilig zur Bühne zwischen München und Ascona. Hugo Ball notiert den Anfang des Cabaret »Voltaire« in seinen Tagebüchern im Februar 1916:

Zürich, 5. II.
Das Lokal war überfüllt; viele konnten keinen Platz mehr finden. Gegen sechs Uhr abends, als man noch fleissig hämmerte und futuristische Plakate anbrachte, erschien eine orientalisch aussehende Deputation von vier Männlein, Mappen und Bilder unter dem Arm; vielmals diskret sich verbeugend. Es stellten sich vor: Marcel Janco, der Maler, Tristan Tzara, Georges Janco und ein vierter Herr, dessen Namen mir entging. Arp war zufällig auch da und man verständigte sich ohne viele Worte. Bald hingen Jancos generöse »Erzengel« bei den übrigen schönen Sachen, und Tzara las noch am selben Abend Verse älteren Stiles, die er in einer nicht unsympathischen Weise aus den Rocktaschen zusammensuchte.[138]

Das Programm der ersten Tage und Wochen ist atemberaubend vielfältig, international und ultramodern:

6. II.
Verse von Kandinsky und Else Lasker. Das »Donnerwetterlied« von Wedekind [...]. Es waren viele Russen da. Sie richteten ein Balalaika-Orchester von reichlich zwanzig Personen ein und wollen ständige Gäste bleiben.

7. II.
Verse von Blaise Cendrars und Jacob van Hoddis. Ich lese »Aufstieg des Sehers« und »Café Sauvage«. [...]

[138] Hugo Ball, *Die Flucht aus der Zeit*, Luzern 1946, S. 71

11. II.
Hülsenbeck ist angekommen. Er plädiert dafür, dass man den Rhythmus verstärkt (den Negerrhythmus). Er möchte am liebsten die Literatur in Grund und Boden trommeln.
26. II.
Verse von Werfel [...]. Verse von Morgenstern und Lichtenstein.
Ein undefinierbarer Rausch hat sich aller bemächtigt. Das kleine Kabarett droht aus den Fugen zu gehen und wird zum Tummelplatz verrückter Emotionen.
27. II.
Eine »Berceuse« von Debussy, konfrontiert mit »Sembre et Meuse« von Turlet.

Das »Revoluzzerlied« von Mühsam:
›War einmal ein Revoluzzer,
Im Zivilstand Lampenputzer,
ging im Revoluzzerschritt
mit den Revoluzzern mit.
Und er schrie: ›Ich revolüzze‹,
und die Revoluzzermütze
schob er auf das linke Ohr.
Kam sich höchst gefährlich vor‹.
[...]

1. III.
Arp erklärt sich gegen die Geschwollenheit der malenden Herrgötter (Expressionisten). Marcs Stiere sind ihm zu fett. [...]
2. III.
In einem Aufsatz »Die Alten und die Jungen« findet jemand, dass ich den Geist verhöhne und dass man das nicht ungestraft tun darf. [...]
Schickele plant eine Ausstellung (Meidner, Kirchner, Segal) und eine internationale Ausstellung wäre schön. [...]
4. III.
Russische Soirée. [...] Klaviermusik von Skrjabin und Rachmaninoff.

5. März 1916. Die Theorien, Kandinskys zum Beispiel, immer auf den Menschen, auf die Person anwenden, und sich nicht in die Ästhetik abdrängen lassen. Um den Menschen geht es, nicht um die Kunst. [...]
Alles funktioniert, nur der Mensch selber nicht mehr.

11. III.
Am 9ten las Hülsenbeck. [...] Der Mund, um den ein ironisches Zucken spielt, ist müde und doch gefasst. Also liest er, von der grossen Trommel, Brüllen, Pfeifen und Gelächter begleitet. [...] Aus den phantastischen Untergängen lächelt das Gorgohaupt eines masslosen Schreckens.

12. III.

[...] Was wir zelebrieren ist eine Buffonade und eine Totenmesse zugleich.[139]

Am 15. März ist Hugo Ball zum ersten Mal am Ende seiner Kraft, aber danach geht es eigentlich erst richtig los:

> Das Kabarett bedarf einer Erholung. Das tägliche Auftreten bei dieser Spannung erschöpft nicht nur, es zermürbt. Inmitten des Trubels befällt mich ein Zittern am ganzen Körper. Ich kann dann einfach nicht mehr aufnehmen, lasse alles stehen und liegen und flüchte.

30. III.
Alle Stilarten der letzten zwanzig Jahre gaben sich gestern ein Stelldichein. Hülsenbeck, Tzara und Janco traten mit einem »Poème simultan« auf. Das ist ein kontrapunktliches Rezitativ, in dem drei oder mehrere Stimmen gleichzeitig sprechen, singen, pfeifen oder dergleichen [...].[140]

An diesem Abend tritt auch Klabund mit der Münchnerin Marietta auf.

2. IV.
[Leonhard] Frank und Frau haben dem Kabarett einen Besuch gemacht. Ebenso Herr von Laban mit seinen Damen. [...]

18. IV.
[...] Tzara quält wegen der Zeitschrift. Mein Vorschlag, sie Dada zu nennen, wird angenommen. [...] Dada heißt im Rumänischen Ja, Ja, im Französischen Hotto- und Steckenpferd. Für Deutsche ist es ein Signum alberner Naivität und zeugungsfroher Verbundenheit mit dem Kinderwagen.[141]

Emmy Hennings ist immer dabei, auch wenn Hugo Ball sie nicht erwähnt, aber ins Tagebuch schreibt er einen Artikel ab, der in der *Zürcher Post* am 21. April 1916 über sie erschienen ist:

---

[139] A. a. O., S. 71ff.
[140] A. a. O., S. 79
[141] A. a. O., S. 80 und 88f.

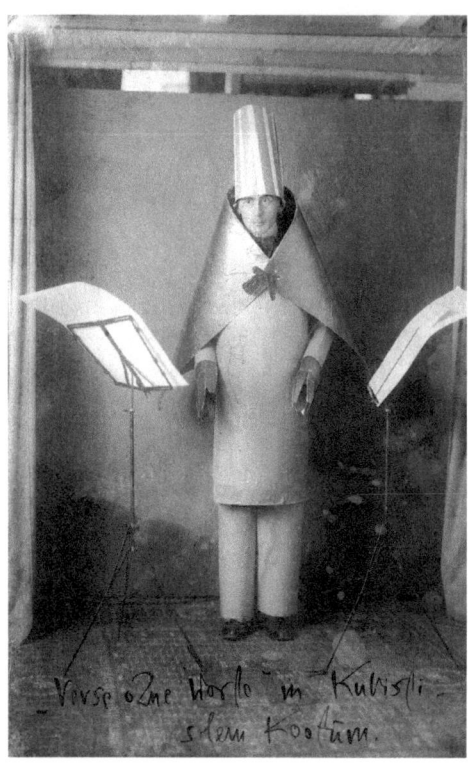

Hugo Ball in der Säule mit Schamanenhut im Cabaret »Voltaire«

»Der Stern dieses Kabaretts aber ist Frau Emmy Hennings. Stern vieler Nächte von Kabaretts und Gedichten. Wie sie vor Jahren am rauschend gelben Vorhang eines Berliner Kabaretts stand, die Arme über die Hüften emporgerundet, reich wie ein blühender Busch, so leiht sie auch heute mit immer mutiger Stirn denselben Liedern ihren Körper, seither nur wenig ausgehöhlt von Schmerz.«[142]

Was am Anfang noch wie ein avantgardistisches Literaturcafé wirkt, wird immer wilder und experimenteller; sie erfinden Masken und surreale Kostüme, Lautgedichte, Klanggedichte, Parodien von Messgesängen und schamanische Tänze – all das, wofür Dada in die Kunst- und Literaturgeschichte eingegangen ist. Aber was für das Publikum wie eine große satirische Provokation erscheint, ist für Hugo Ball auch bitterer Ernst: »Man verzichte mit dieser Art Klanggedichte in Bausch und Bogen auf die durch den Journalismus verdorbene und unmöglich gewordene Sprache. Man ziehe sich in die innerste Alchemie des Wortes zurück, man gebe auch das Wort noch preis, und bewahre so der Dichtung ihren letzten heiligen Bezirk.«[143]

Es ist eine sehr vergleichbare Unternehmung wie Kandinskys Weg zur Abstraktion und wie Mary Wigmans absoluter Tanz. Aber der lärmende Erfolg, den das Cabaret »Voltaire« hat, das Amusement der Zuschauer und die Ausbeutung von Dada als neue Kunstrichtung, vor allem durch Tristan Tzara, erträgt Hugo Ball nicht, und eines Tages reist er ins Tessin und zieht sich von allem zurück. An Tristan Tzara schreibt er 1916 mehrere Briefe aus Ascona, der ihn unbedingt zurückholen will:

[142] A. a. O., S. 89
[143] A. a. O., S. 100

»Keine ›Blasphemie‹ mehr, keine ›Ironie‹ (das ist schmutzig, gemein) keine Satire mehr (wer hat das Recht dazu?) keine ›Intelligenz‹ mehr. Nur nicht! Genug davon! Écrasez! [...]
Keine Marinettis mehr, keine Apollinaires mehr (ach, die Fingerfertigkeit!) keine ›Ueberraschungen‹ mehr (was ist das für eine Perfidie!) Sondern Plausibilitäten, Wirklichkeiten. [...] Sie wollen mich verführen, noch einmal ein Varieté zu machen? Lassen Sie sich einen Vorschlag machen. Engagieren Sie mich dazu als Trrrrrrrrrrommler. [...] Ich werde trrrrrrommeln, daß die Trrrrrrrrommelfeuer ein Trrrrrrrreck dagegen sind.
Spaß beiseite: Ich sitze hier und habe den Frieden in der Brust.«[144]

Offensichtlich hatte Tzara auch angedeutet, dass er ihm nach Ascona folgen wollte, was Hugo Ball und Emmy Hennings gar nicht gefiel. Entsprechend negativ ist Balls Beschreibung von Ascona, die in anderen Briefen ganz anders klingt:
»Sie fragen mich nach Ascona. Das ist ein Ort ohne jeden Komfort, wo man momentan kaum ein Zimmer mieten kann. Es gibt eine Menge schafblöder Naturmenschen, die in Sandalen und römischer Tunica wandeln. Es gibt keine Unterhaltung, keine Bücher, keine Zeitungen. Es gibt nur schönes Wetter. [...] Ich kann Ihnen gar nicht mit gutem Gewissen raten, hierher zu kommen.« [...][145]
Hugo Ball beginnt, seinen Roman *Flametti oder Vom Dandysmus der Armen* zu schreiben, der auf seine ersten Varieté-Erfahrungen in der Schweiz zurückgeht, und Emmy Hennings »versucht, ihr phantastisches Leben auf einen Roman zu reduzieren«[146]; beide sind glücklich in der Ruhe von Ascona. Sie fangen etwas an, was Emmy Hennings später das »Büchermachenspiel«[147] genannt hat.
Aber im Winter sind sie doch wieder in Zürich und gründen die Galerie Dada, in der nicht nur dadaistische Abende stattfinden, sondern die Avantgardekunst der Zeit ausgestellt wird. Die Galerie wird mit einer Sturm-Ausstellung eröffnet (Campendonk, Klee, Mense, Münter, Nell Walden und andere). Beim Eröffnungsfest wird schon im Programm sichtbar, dass die Dadaisten sich inzwischen mit den Tänzerinnen der Laban-Truppe zusammengetan haben:

»Abstrakte Tänze (von Sophie Täuber, Verse von Ball, Masken von Arp) – Frédéric Clauser [d. i. Friedrich Glauser]: Verse [...] – Emmy Hennings: Verse – H. L. Neitzel: Verse von Hans Arp – Mme. Perrottet: Neue Musik – Tristan Tzara: Negerverse – Claire Walter: Expressionistische Tänze.«[148]

[144] Hugo Ball, *Briefe 1911–1927*, S. 64f.
[145] A. a. O., S. 63
[146] A. a. O., S. 67
[147] Vgl. Gunna Wendt, Fluchtlinien einer Performance, in: *Der Traum vom Schreiben*, München 2000, S. 79
[148] Hugo Ball, *Die Flucht aus der Zeit*, S. 144

Im Publikum sitzen unter vielen anderen Mary Wigman und Rudolf von Laban, die beide zwar Anteil nehmen, aber sich nicht mit dem Dadaismus verbinden wollen, außerdem Leonhard Franks Frau Lisa und René Schickele. An anderen Tagen wurden auch die russische Malerin Marianne von Werefkin mit Jawlensky und die Tänzerin Clothilde von Derp mit Alexander Sacharoff gesehen. Rudolf von Laban schrieb noch 1918, kurz vor Kriegsende, an Hans Brandenburg über die Züricher Szene:

Rudolf von Laban an Hans Brandenburg[149]

LABANSCHULE

Mainaustrasse 32

Zürich, den 3. Mai 1918

Lieber Brandenburg!
Schon lange ohne Lebenszeichen von Ihnen hat mich die Zusendung der neuen Auflage Ihres Buches doppelt gefreut und danke ich Ihnen herzlich dafür. Was machen Sie, wie geht es Ihnen? Wir arbeiten hier mit immer stärker werdenden Hemmungen dennoch rüstig weiter; ich glaube vieles ändert sich unerwartet und den Umständen entsprechend, aber der Geist des Tanzes schwingt über allem. Mit Interesse und Freude habe ich Ihre Gedichtbände, die ich mir kommen liess, gelesen und einige an meine Freunde verteilt. Hier ist eine ganz merkwürdige Kolonie von Menschen. Alle Grössenwahncaffees der Welt haben ihre Haupthelden langsam nach Zürich geschickt und auch andere Bestrebungen, Soziales, Religiöses und Künstlerisches konzentriert sich hier in eigenartiger und interessanter Form. Es tut mir fruchtbar leid, dass Sie von Ihrem eigentlichen Arbeitsfeld doch so sehr abgehalten werden, wenn es Ihnen ja vielleicht auch eine Befriedigung gewährt auf Ihre jetzige Weise dem Gemeinwohl zu dienen. Wann endet der Wahn, ist unser aller Fragen und zwar eine Frage die immer heftiger wird. Machtlos stehen wir da und sehen das Geistige sich langsam trüben, Hoffnungen schwinden, Pessimismus trügt und Bewegungslosigkeit wachsen. Hoffentlich reicht die Kraft noch zu peitschenden Aufschwüngen bis alles wieder besser wird.
Nochmals besten Dank und herzlichen Gruss
Ihr Laban

Claire Goll (1890–1977), spitzzüngige Chronistin aller Künstlerszenen, die mit dem Dichter Yvan Goll (1891–1950) zusammen auch zu der Zeit in Zürich und bald darauf in Ascona war, berichtet:

[149] Monacensia, Nachlass Hans Brandenburg

»Zum großen Teil kreisten [...] unsere Gedanken jetzt um den expressionistischen Tanz. Der Musiker Laban hatte nämlich in der Seehofstraße einen Tanzkurs eröffnet. Sophie Täuber, Arps Freundin, tanzte dort, und alle Ballerinenliebhaber tanzten hinterher. Für die Mannsbilder war die Jagd auf ein kleines Hinterteil und expressionistische Kurven eine ebenso ernsthafte Beschäftigung wie Malerei oder Schriftstellerei. [...] Es lag wohl am Alter oder vielmehr an der Jugend: Hans Richter, unbestritten Entführungsfachmann, war achtundzwanzig Jahre alt, Hugo Ball einunddreißig, Arp dreißig, Janco zweiundzwanzig, Goll und ich sechsundzwanzig. [...]

Hugo Ball, der [Yvan] Golls Abneigung gegen sämtliche Dada-Veranstaltungen kannte, erklärte uns mehrmals, er wolle aus dem Cabaret »Voltaire« eine metaphysische Hochburg machen, von der ein Alarmschrei erschallen sollte, der den Schiffbruch der Intelligenz verkündete. Später, als wir in Ascona täglich zusammen waren, kam er darauf zurück. [...] Hugo Ball hatte etwas von einem Mönch, einem Tempelritter, der sich auf den Kreuzzug begab, um die Menschheit zu retten.«[150]

Hugo Ball: »Jetzt weiß ich doch auch, wohin man aus Zürich noch flüchten kann: in den Tessin.«[151]

Im Sommer 1917 verließ Hugo Ball die Dada-Szene für immer. Er kehrte mit Emmy Hennings nach Ascona zurück, mit ihnen war die elfjährige Tochter von Emmy, Annemarie, die »von einem Manne und vom lieben Gott«[152] stammte und zu der Hugo Ball ein liebevolles Verhältnis hatte. Emmy Hennings erzählt, wie sie diesen Sommer 1917 in der Tessiner Gegenwelt zur Großstadt verbracht haben; daraus wird auch deutlich, dass sich immer noch neue Kolonien gebildet hatten, nicht weniger merkwürdige als früher.
»Als das Geld ein bißchen zur Neige ging – wir wohnten in einem Gasthaus, was

Hugo Ball und Emmy Hennings

---

[150] Claire Goll, *Ich verzeihe keinem*, München/Zürich 1980, S. 41
[151] Hugo Ball, *Die Flucht aus der Zeit*, S. 113
[152] Emmy Ball-Hennings, *ich bin so vielfach ...*, S. 250

Annemarie, Hugo Ball und Emmy Ball-Hennings

immerhin nicht so gar billig war – entschlossen wir uns, in die Berge zu gehen. Hier muß eingeschaltet werden, daß wir eine Schweizer Familie kennenlernten, die sich zwar für unsere Literatur nicht im mindesten interessierte, desto mehr aber für unser Seelenheil, was für die Leute nicht ein und dasselbe war ... Die Familie, die wegen ›drohender Christenverfolgung‹ sich in die tiefste Bergeinsamkeit zurückgezogen hatte, wurde uns als Pension für unser Kind empfohlen, das sich auch einige Wochen dort aufgehalten hat ...

Vorausschicken muß ich noch, daß die Familie eine Anzahl unbewohnter Alphütten besaß, von denen wir gerne eine zu billigem Preise mieten wollten. Als wir nach stundenlanger Wanderung in die Einsiedelei kamen, sagte die Frau des Hauses, daß die Alphütte nur an verfolgte Christen abzugeben sei. Hugo und ich sahen einander in stummem Schreck an, glaubten zu träumen ... Obwohl wir keine verfolgten Christen waren, bekamen wir dennoch eine Alphütte zur Verfügung gestellt und für einige Franken gab man uns ein Zicklein in Pension, das uns Milch liefern sollte. Hugo versprach, den Boden im Maggiagebirge urbar machen zu wollen, Mais und Kartoffel zu pflanzen, und da die Leute ebenso viel Ahnung von der Landwirtschaft hatten, als er, bezeigten sie ihm das größte Vertrauen und wünschten ihm als dem neuen Pächter der Brussada-Alp ›viel Glück und Gottes Segen zu allen Unternehmungen‹.

Tagebuch. Brussada

Eigentlich ist Zeit, Ort, Raum ein nett überflüssiges Getue, aber ich leiste es mir trotzdem. Wir wissen gar nicht, ob es hier Brussada heißt. Kein Briefträger ist je hierher gekommen. Wir sind allein, endlich allein ... Es ist schön, wie im Paradies und wir haben noch 72 Franken. Wir werden gewiss drei Monate hier bleiben können, aber wir wollen nicht vorausdenken ... Hugo meinte, er könnte nebenbei Farmer werden ... hat sich in Locarno Spaten und Hacke gekauft und tausend Bogen Schreibmaschinenpapier und zwanzig Bogen Kopierblätter und Sonnenblumensamen, und Setzkartoffeln, Grano turco, zwanzig Pakete Philoscigaretten und drei Pakete Kaisers Kaffee. [...] Im Tragkorb auf dem Rücken trug er die Schreibmaschine und unsere Bibliothek, weil er mir das nicht anzuvertrauen wagte, und ich hab in meinem Gerlo nur Lebensmittel, also die Setzkartoffeln, Bettwäsche und sonstiges getragen. Annemie trug nur einen Rucksack und unsere Schlafdecken. Frederic Clauser, unser Freund, ein Genfer Journalist, den wir eingeladen haben, trug Spaten, Hacke, Lampen und Lichte und sonst noch einige Gerätschaften. [...] Ich schreibe in dieser idyllischen Freiheit an meinem ›Gefängnis‹. Ist das nicht beinahe Sünde über Gefängnisse hier zu schreiben? Ich habe aber auch diese erlebt und darf sie um der Gefangenen willen nicht vergessen ...«[153]

Der Schweizer Schriftsteller Friedrich Glauser, dessen Biografie in manchen dramatischen Zügen der von Otto Gross ähnelt – die Drogensucht, die daraus resultierende Beschaffungskriminalität, die vergeblichen Entziehungsversuche, Gefängnis und Ausbruch, die Entmündigung durch den Vater – war mit Ball befreundet und hatte oft an den Dada-Abenden teilgenommen; auch Glauser berichtet von der gemeinsamen Brussada-Tour, die vielleicht mehr mit den Anfängen des Monte Verità zu tun hat, als sie denken; und dass Ball nun hier sein Bakunin-Brevier schreibt, klingt auch nicht nach Zufall.

»Unser Wohnhaus war ein Schuppen. Wir schliefen auf Bergheu. In der Nähe brauste durch Nacht und Tag ein Wasserfall. Spitze Gipfel umsäumten unser Haus, und nah war uns der Schnee der Gletscher. Wir verteilten uns die Stunden des Tages zur Benützung der Schreibmaschine: Emmy Hennings schrieb an der sonderbaren Geschichte ihres Lebens, Ball arbeitete an einem Bakunin-Brevier, ich war sehr faul und schrieb nur selten eine Seite. Sehr heiß war die Luft und erfüllt von Käfergebrumm und dem leichten Duft der Alpengräser. Nur einmal in der Woche gingen wir nach Maggia hinab, um Lebensmittel zu holen und die Post. Hauptnahrungsmittel waren Polenta und schwarzer Kaffee. Das Melken der Ziege war nicht ganz einfach. Als wir kein Geld mehr hatten, gingen wir auseinander.«[154]

---

[153] A. a. O., S. 146ff.
[154] Friedrich Glauser, *Dada, Ascona und andere Erinnerungen*, Zürich 1976, zit. nach Harald Szeemann (Hrsg.), *Monte Verità. Berg der Wahrheit*, S. 154

Der Monte Verità im Krieg

In den ersten beiden Kriegsjahren scheint der Monte Verità ein bisschen vereinsamt gewesen zu sein, jedenfalls was die Besucher angeht. Die Gründer Ida Hofmann und Oedenkoven waren noch da, hatten aber die Hoffnung auf die Verbesserung der Welt weitgehend aufgegeben und versuchten, das inzwischen durch Landankäufe vergrößerte Unternehmen irgendwie zu erhalten. Henri Oedenkoven hatte sich in der Zwischenzeit in eine Engländerin verliebt, die zu Gast auf dem Monte Verità war; sie hieß Isabella und war Vegetarierin, aber nicht zur freien Ehe bereit, und so hatte Oedenkoven sie geheiratet und bekam drei Kinder mit ihr, ein Sohn hieß Verus. Auch Labans Harem hatte sich vergrößert und an Nachwuchs zugenommen: Seine Frau Maja Lederer hatte in ihrem Winterquartier in der Nähe von Zürich ein fünftes Kind bekommen, ungefähr gleichzeitig wie Suzy Perrottet, deren Sohn von Laban Allar hieß. Labans neue Geliebte nannte sich Dussia Bereska.

Die Malerin Lou Albert-Lasard

Ida Hofmann wandte sich mehr und mehr theosophischen und okkultistischen Ideen zu, die immer schon einen Platz auf dem Monte Verità hatten. Von Ascona berichtet Emil Szittya: »Durch den Krieg hatte sich vieles in Askona geändert. Ein großer Teil der Einwohner, die doch meistens Ausländer waren, zog in den Krieg. Es blieben nur solche in dem Dorf, die Feinde des Krieges waren. Anarchistische deutsche Arbeiter, die für den Defaitismus arbeiteten. Sie gründeten eine Kolonie in der Nähe von Askona, in Brione, zu der Margarethe Faas [Hardegger] das Geld verschaffte.«[155]

1917 änderte sich die Lage plötzlich, und zum ersten Mal wurde Ascona eine Künstlerkolonie. Die Hoffnung auf ein schnelles Ende des Krieges hatte sich als Irrtum herausgestellt, und für manche der in die Schweiz geflohenen Kriegsgegner war Zürich viel zu teuer. Es hatte sich herumgesprochen, dass man im Tessin billiger und unbehelligt leben konnte, und so zog einer den andern nach. Der

---

[155] Emil Szittya, *Das Kuriositäten-Kabinett*, S. 104

Maler Arthur Segal (1875–1944) richtete eine Malschule ein; Lou Albert-Lasard (1885–1969), noch völlig zerstört vom Ende ihrer großen Liebesgeschichte mit Rilke in München, wurde dort Segals Schülerin. Im Mai 1918 schreibt sie vom Monte Verità an einen Freund, sie sei seit April dort, ganz allein und in ihre Arbeit vertieft. »Und denken Sie, JAWLENSKY ist auch in ASCONA. Jetzt ist er Expressionist.«[156]

Richard Seewald, der auch an der Zeitschrift *Revolution* mitgearbeitet hatte, kam schon seit 1910 immer wieder nach Ascona und war 1917 ebenso dort wie Claire und Yvan Goll, Emmy Hennings und Hugo Ball, Hans Arp und Sophie Täuber – überhaupt kamen alle Dadaisten für kürzere oder längere Zeit vorbei, außer Tristan Tzara. Auch Johannes Nohl, »Il poeta bello«, der sich inzwischen von Mühsam entfernt und sich mit Freuds Theorien und Gross' Praxis vertraut gemacht hatte, erschien wieder am Monte Verità und versammelte Freunde und ihre Frauen um sich. »Jeden Morgen, zwischen Kaffee und Butterbrot, werden die Träume der Nacht auf Komplexe untersucht, Hemmungen festgestellt und die Richtung der Libido kontrolliert«, berichtet Friedrich Glauser.[157] Nohls oszillierende Biografie zwischen Anarchisten, Analytikern, Literaten, Philosophen und Theologen ist schwer zu fassen; auf allen Gebieten war er beschlagen, ohne nennenswerte Werke hervorzubringen, seine Freunde, vor allem Mühsam, hielten ihn für genial. Er tauchte in den verschiedensten Kreisen auf und verschwand wieder. Zu einer bestimmten Zeit zwischen 1916 und 1918 betätigte er sich als selbsternannter Therapeut Hermann Hesses, der Freud und die Psychoanalyse hoch schätzte und sich nach seiner großen Krise, ausgelöst durch den Tod seines Vaters 1916, der schweren Krankheit seines dreijährigen Sohns und der beginnenden Psychose seiner Frau, mehrfach von verschiedenen Analytikern behandeln ließ – auch von C. G. Jung.[158] 1916 kam auch Hesse nach längerer Zeit zum ersten Mal wieder nach Locarno (er wohnte in dem vegetarischen Erholungsheim von Frau Jung-Neugeboren[159]) und suchte Gusto Gräser auf – das waren offenbar die zwei Instanzen, von denen er sich Hilfe erhoffte, die Psychoanalyse und der ganzheitlich lebende Naturapostel.

Jakob Flach (1894–1982), Schweizer Schriftsteller und Gründer des Asconeser Marionettentheaters, der ab 1915 immer wieder in Arcegno bei Ascona lebte, erwähnt Gusto Gräser nicht, wohl aber Hermann Hesse, mit dem er befreundet war; in seinem autobiografischen Buch *Ascona* erzählt er:

»Ich hauste damals mit Hesse zusammen in einem romantik-umwitterten, efeu-

---

[156] Lou Albert-Lasard an Edvin Lyden, 15.5.1918, Privatsammlung
[157] Friedrich Glauser, *Dada, Ascona und andere Erinnerungen*, S. 75
[158] Siehe hierzu Albrecht Götz von Olenhusen, *Psychoanalyse und Anarchismus: Die Eroberung des Luftreiches*, in: Schriften der Erich-Mühsam-Gesellschaft, Lübeck, Heft 19
[159] Vgl. Hermann Müller, *Der Dichter und sein Guru*, S. 43f.

Hermann Hesse mit Hilde Jung-Neugeboren bei Arcegno

umwachsenen Häuschen am Berg. Wir arbeiteten im Garten, wir zeichneten auf Spaziergängen, wir spielten Geige, wir redeten und schwiegen. [...] Freunde besuchten ihn, Briefe belästigten ihn, der Psychiater quälte ihn, Sorgen und tiefes Leid plagten ihn – das Ende des Völkermordens war noch nicht abzusehen, und er betreute die schöne Literatur für die Kriegsgefangenenlager – doch abends breitete sich stets eine zeitlose, warme Stimmung um unsere Hütte. [...]«[160]

Nach Hermann Müller wohnten in der Pension von Frau Neugeboren zeitweilig auch der Dichter Klabund (Alfred Henschke), der zur Behandlung seines Lungenleidens ins Tessin kam, und Ernst Bloch. Dass Lenin früher auch bei ihr gewesen sei und mit Frau Neugeboren auf dem Monte Verità Reigen getanzt habe, hält sich zumindest als Gerücht.

»Herzbeben«

> Else Lasker-Schülers Kunst ist sehr verwandt mit der ihres Freundes, des blauen Reiters Franz Marc. Fabelhaft gefärbt sind alle ihre Gedanken und schleichen wie bunte Tiere.
>
> Klabund in der 1. Nummer der *Revolution*, München 1913[161]

Der Erste Weltkrieg war für Else Lasker-Schüler auch aus vielen persönlichen Gründen eine entsetzliche Zeit. Der Soldatentod ihres nahen Freundes Franz Marc 1916 erschütterte sie – »Der blaue Reiter ist gefallen, ein Großbiblischer, an dem der Duft Edens hing«[162], schrieb sie in ihrem Nachruf –, und im selben Jahr

---

[160] Jakob Flach, *Ascona – Gestern und Heute*, Zürich 1971, S. 45f.
[161] *Revolution*, Zeitschrift, Nr. 1, hrsg. von Johannes R. Becher
[162] Zit. nach Sigrid Bauschinger, *Else Lasker-Schüler*, S. 248

Else Lasker-Schüler

verschlimmerte sich die Krankheit ihres Sohnes dramatisch. Sie brachte ihn in verschiedene Sanatorien, zuerst nach Konstanz, dann nach Zürich und im folgenden Jahr ins Tessin. Sie selbst pendelt zwischen Berlin, Zürich und später Locarno, zutiefst unglücklich über den lebensbedrohlichen Zustand des Sohnes. Aber trotz allem passiert etwas, was ihrer emphatischen Natur entspricht und die Triebfeder ihrer Dichtung ist: sie verliebt sich.

»Jedesmal, wenn ich dem Senor Paolo, dem Konsul von Mexico, am Lago Maggiore begegnete, schlossen sich, geblendet von seiner olivengoldenen Ausstrahlung meine ihn bewundernden Augen. So liebte ich einmal einen ›himmelblauen‹ Menschen. […] Für die Kamelie über dem Herzen des Senors hätte ich die Hälfte meines Lebens gegeben.«[163] Es handelte sich um Paolo Pedrazzini, Kantonsrat des Kanton Tessin, aus angesehener Familie stammend, die ihren Reichtum einer mexikanischen Silbermine verdankte; er war in Mexico geboren und hatte eine mexikanische Mutter. »Ich sah vor Kriegsmißgeburt […] den Urenkel einer Ur-Inkasmutter am Lago im Tessin. Begegnete er mir an einem Tage nicht, strich ich den unerfüllten Tag aus meinem Leben.«[164] Sie nannte ihn den Dogen von Locarno, und er hat in ihrem Werk sehr wohl Spuren hinterlassen. Sieben Jahre nach dem ersten Treffen schreibt sie einen »Beichtbrief« an den Pater Guardian Diego da Melano, dessen Predigt in seinem Kloster Madonna del Sasso hoch über Locarno sie eines Tages sehr berührt hatte:

»Hochwürdigster Großgeistiger, ich bin so hingerissen von der Gestalt eines Locarneser, daß ich wie im Zauber dahinlebe, ich bin gefangen wenn auch hinter Rosensträuchern, ich kann nicht mehr dichten und zeichnen wie in

---

[163] Zit. nach Manfred Escherig, Der Doge von Locarno, in: *Deine Sehnsucht war die Schlange*, Wuppertal 1997, S. 237f.
[164] Zit. nach Sigrid Bauschinger, a. a. O., S. 255

früheren Jahren, da ich mich damals immer im dichterischen Zustand befand und mein Leben auf säumerischen Wolken dahinschwebte. […] Hochwürden, ich weiß Sie verraten mich nicht, da Sie nicht allein ein geweihter großer König sind, da Sie ein Künstler sind. Ich liebe Paolo Pedrazzini. Ihn anzustaunen wie man ein Lieblingsbild mal lange anblickt; so beschenkt fühlen sich nur Kinder zu Weihnachten. Ich liebe ihn mit meiner ganzen Seele, ich liebe ihn wie ein Hirte vom Hügel, ein verwunschener Prinz einen Dogen liebt von Ferne bis zum Horizont. […]
Ich bin wie ein Astrologe, der allein weiß daß ein wertvoller Stern hinter einer Nebelwolke steht und kann ihn aber nicht erblicken mit bloßem Auge. Oder ich bin wie König Salomo in Jerusalem, der von einem ganz großen Lapis weiß, aus dem er einen Tempel meißeln möchte. So liebe ich den Locarneser, ganz ganz ganz unantastbar und kenne ihn stumm vom ersten Augenblick an […].«[165]

Dieser Brief, sein Adressat und sein Inhalt sind ein seltsames Konglomerat von Fernliebe, Religion und Beichte – und der genaue Übergang von dem Erlebten in Dichtung. 1923 widmet Else Lasker-Schüler dem »Dogen von Locarno« Paolo Pedrazzini ihr Buch *Theben*; in einem Brief aus dem Exil 1937 erwähnt sie einen Mexikaner, für den sie sich von einem Felsen stürzen wollte. »Ich habe Achtung vor solchem Ausbruch der Herzen nun auch bei anderen, vor solchem Herzbeben.«[166]

Im Dezember 1927 starb Else Lasker-Schülers Sohn Paul in Berlin, nachdem er jahrelang in verschiedenen Sanatorien vor allem in der Schweiz in Davos und im Tessin wegen seiner Tuberkulose behandelt worden war.

Tanz der sinkenden Sonne

Nicht nur Ascona, sondern auch der Monte Verità belebte sich 1917 wieder. Es war ein neuer Heilsverkünder auf den Plan getreten, der Ida Hofmanns spiritistische Zirkel in Aufregung versetzte und Henri Oedenkovens Hoffnung auf lukrative Einnahmen aufflackern ließ: Theodor Reuss hatte sich mit seinem »Ordo Templi Orientis«, dem Ordens-Tempel des Ostens, kurz OTO, auf dem Monte Verità einquartiert.

Theodor Reuss, geboren 1855 in Augsburg und gestorben in München 1923, war Großmeister eines irregulären Freimaurerordens; er war eine dubiose Ge-

---

[165] Brief vom 29. August 1925, zit. nach: Anne Linsel und Peter von Matt, *Deine Sehnsucht war die Schlange*, Else Lasker-Schüler-Almanach, Wuppertal 1997, S. 234ff.
[166] Brief vom 26. März 1937, zitiert a. a. O.

stalt, deren Vergangenheit der Geheimhaltung unterlag ebenso wie seine Ziele auf dem Monte Verità, dem er nun noch eine Variante der früheren Merkwürdigkeiten hinzufügte. In seiner Jugend war er professioneller Opernsänger gewesen, hätte angeblich in der Uraufführung von Wagners »Parsifal« gesungen und Richard Wagner kennengelernt (das muss Ida Hofmann gefallen haben, war aber vielleicht eine Legende). Danach taucht er in London als Korrespondent für Nachrichtendienste und als Kriegsberichterstatter auf. In der Folgezeit tritt er den verschiedensten Logen bei, wird wieder ausgeschlossen wegen ehrenrühriger Handlungen, wird als Polizeispitzel verdächtigt, gründet selber Orden, erhält das Patent, ein »hohes Konzil der Societas Rosicruciana in Anglia« in Deutschland zu gründen usw. usw. Ein Zusammentreffen mit der Theosophischen Gesellschaft und Franz Hartmann endet mit dessen Distanzierung von Reuss; ob Rudolf Steiner je Mitglied in dem von Reuss übernommenen OTO gewesen ist, ist Gegenstand heftiger Forschungen und Polemiken; die seriöseste dieser Untersuchungen (von P. R. König) kommt zu dem Schluss, dass Steiner nie ein Mitglied des OTO gewesen sei.[167] Dafür aber Aleister Crowley, den Reuss 1912 zum X° des OTO (d. i. der nationale Führer) von England und Irland ernennt. Damit ist eine Richtung manifest geworden, die sich mit den schwarzmagischen Praktiken von Crowley verbindet, und in diesem Umfeld kochen auch die Gerüchte hoch, die sich am Monte Verità sofort verbreiten. Sexualmagie war so ein Stichwort, durchaus befördert von der bis dahin unbekannten Praxis, auch Frauen in den Orden aufzunehmen. In der *Oriflamme,* dem »amtlichen Organ« des OTO von 1912, erklärt der Großmeister Reuss, wie es sich mit der Sexualmagie verhält – immer vorausgesetzt, dass das Geheimwissen nicht verraten werden darf.

Oriflamme 1912
> Unser Orden ist kein Freimaurer-Orden pure et simple, aber jedes Mitglied Unseres Ordens, sei es Mann oder Frau, denn unser Orden steht beiden Geschlechtern gleichmaessig offen, muss sich durch die sämtlichen Grade der Johannes-Freimaurerei wie auch der Hochgrad-Maurerei hindurch gehen, ehe ein Mitglied ein Erleuchteter und Eingeweihter Unseres Ordens werden kann. Unser Orden besitzt den Schlüssel, der alle maurer :. und hermetischen Geheimnisse erschliesst, es ist die Lehre von der Sexual-Magie, und diese Lehre erklaert restlos alle Raetsel der Natur, alle freimaurerische Symbolik, und alle Religions-Systeme. Moege Unser Orden auch weiterhin siegreich bleiben wie bisher! Der Ordensmeister[168]

---

[167] P. R. König in: Flensburger Hefte, Flensburg Dezember 1998. Außerdem gibt es eine umfangreiche Dokumentation zu diesem Thema im Internet, ebenfalls von König.
[168] Zit. nach der Internet-Dokumentation von P. R. König (Stichwort OTO, Oriflamme 1912)

Etwas später im Text hält er es doch für nötig, obwohl ja alles streng geheim ist, von der Sexualmagie »einen ganz kleinen Zipfel des Schleiers zu heben«, und man kann ihm nicht vorwerfen, dass er schwüle Gefühle und Gedanken an satanischen Sex hervorruft:

> »Im Verlaufe der ziemlich umstaendlichen Uebung konzentriert der Uebende seine Gedanken, dass er die Reproduktions-Energie aus dem Organ heraufzieht zum Solar-Plexus (Sonnengeflecht), wo er ›will‹, dass es aufgespeichert werde zu Transmutationszwecken. Damit wird ein genau geregeltes Atmen verbunden. Daran schliesst sich der Aktus der Transmutation der Energie, und schließlich tritt die Grosse Vereinigung ein, wo der Uebende zum Seher wird – bei vollem Bewusstsein, – und das Gesehene erlebt. Dies ist die weisse Sexual-Magie!« [Theodor Reuss][169]

Wie dem auch sei – Theodor Reuss übte eine enorme Anziehungskraft auf die verbliebenen Monteveritaner aus, zu denen die Laban-Truppe im Sommer 1917 auch wieder gehörte. Nicht nur Oedenkoven und Ida Hofmann traten in den Orden ein, ebenso Mary Wigman und die anderen Tänzerinnen; Rudolf von Laban gehörte schon seit 1913 zu den Freimaurern und schloss sich nun Reuss an. Im Sommer« 1917 fand auf dem Monte Verità ein »Anationaler Kongress« statt, einberufen durch Theodor Reuss, dessen Themen mit leichten Verschiebungen eigentlich wie die Erneuerung der alten Anliegen klangen: »Die anationale kooperative Gesellschaftsform, die neuzeitliche Erziehung, die Stellung der Frau in der Zukunftsgesellschaft, die mystische Freimaurerei, soziale Neubildungen, Kunst, Ritual- und Kulttanz früherer und aussereuropäischer Kulturen, Ausdruckskultur in Erziehung, Leben und Kunst.«

Freimaurer, Okkultisten, Theosophen bildeten das Publikum. Der Höhepunkt des Kongresses war ein fantastisches Fest auf dem Berg, von Laban nur für diesen Ort entworfen und inszeniert. Aus seiner späteren Erinnerung daran wird auch deutlich, dass er sich damit einen Traum erfüllt hat – eine Art Gesamtkunstwerk, mit der Sonne im Zentrum.

»Auf einer Bergwiese, die gegen Süden, Osten und Norden von großen Baumgruppen umsäumt war und gegen Westen an einen jähen Abgrund grenzte, hatten wir aus Feldsteinen eine Feuerstelle errichtet. Die Zuschauer saßen auf drei Seiten an einer Baumgruppe. Auf der vierten Seite sah man tief unter dem Abhang einen opalfarbenen See zwischen riesigen Bergen, die sich gegen Südwesten zu in blaue Hügelketten verloren. Auf diesem Schauplatz fand die einleitende Szene des Festspiels der *Tanz der sinkenden Sonne* statt. Nach einem

---

[169] A. a. O.

feierlichen Reigen rings um die Feuerstelle kam ein Sprecher, von einem Zug begleitet, den Abhang herauf. Der Augenblick, in dem sein Kopf über dem Rand der Wiese aufstieg, war so gewählt, daß hinter ihm der untere Rand der untergehenden Sonnenscheibe gerade den Horizont berührte. Dort sprach er die ersten Sätze seines Spruches an die sinkende Sonne. Weiter heraufgekommen und zu der Feuerstelle schreitend wurde er von einem Begrüßungsreigen umringt. Dann sprach er den zweiten Spruch an die Sonne, die inzwischen schon halb versunken war. Bei dem Abschiedsreigen, zur Sonne hin, traten Frauen und Kinder aus den Reihen der Zuschauer an die Feuerstelle heran und fachten die Flamme an. Der steil aufsteigende dünne Rauch wurde durch immer wieder heranstürmende Gruppen in leichte Schwingungen gebracht. Der Spruch an die Dämmerung begleitete ein feierlicher Schlussreigen, der sich endlich zu einem Zuge gestaltete, in dem die Zuschauer vom Spielplatz weggeführt wurden.

Kurz vor Mitternacht begann der zweite Teil, das Spiel *Dämonen der Nacht*. Eine Tänzerschar mit Trommeln, Tamtam und Flöten sammelte die Zuschauer, Fackeln und Laternen erhellten den Weg zu einem Berggipfel, oben schauten bizarre Felsen auf eine kreisrunde Wiese. Hier waren fünf hellodernde Feuer angezündet, um die herum und die hindurch eine Gruppe von Kobolden Springtänze ausführte. Dann erschien eine Schar maskierter Tänzer. Die Masken waren große, den ganzen Körper verhüllende Gebilde aus Zweigen und Gräsern. Die verschiedenen, gedrungenen und hochragenden, eckigen und spitzen Formgebilde verbargen heranschleichende Hexen und Unholde, die in wilden Tänzen die Maskentänzer entschleierten und ihre Verhüllungen verbrannten. Um die erlöschende Glut der Feuerbrände wogte zum Abschluß ein Tanz der Schatten. Dann wurden die Fackeln wieder angefacht, und die Tänzer führten als Vor- und Nachhut den langen Zug zum Ausgangspunkt zurück.

Die aus aller Welt zu uns gekommenen Zuschauer waren dabei arg geplagte Leute. Nach diesem nächtlichen Spaziergang über Stock und Stein mußten sie um sechs Uhr früh schon wieder zur Stelle sein und sich am dritten Schauplatz, an einem Wiesenabhang im Osten des Festhügels einfinden. Diesmal waren die Sitze am Abhang in Reihen übereinander geordnet, unten am Rande des Abhangs ging die Sonne auf. Ihr galt der Morgentanz. Eine Frauengruppe in weiten bunten Seidenmänteln stürmte den Abhang hinan. Am Horizont erschien die aufsteigende Sonnenscheibe und durchglühte die Gewänder der Tänzerinnen. Im Reigen des erwachenden Tages löste sich der dunkle Spuk zu freudig schwingenden, stets erneut anstürmenden Menschenwellen als Sinnbild der ewigen Wiederkehr des Tagesgestirns.«[170]

---

[170] Rudolf von Laban, zit. nach: Edmund Stadler, Tanz und Theater in Ascona, in: Harald Szeemann (Hrsg.), *Monte Verità. Berg der Wahrheit*, S. 130

Dieses Fest war Höhepunkt und Abgesang zugleich, zumindest was das Wirken von Theodor Reuss auf dem Monte Verità betraf. Auch er war ein Menschenfänger und Frauenverführer wie mancher andere in der Umgebung. »Er hatte eine gewisse unheimliche Schönheit, kannte sich in allen Verführungskünsten aus, und das Böse in ihm erhöhte nur noch seinen Reiz. Die Frauen waren ihm verfallen und drängten danach, ihm anzugehören. Wie Schulmädchen trafen sie sich nachts heimlich mit ihm im Park.«[171] Als er sich anschickte, Ida Hofmann den Kopf zu verdrehen, warf Henri Oedenkoven ihn hinaus. Die ganze Episode hinterließ einen peinlichen Nachgeschmack und in Ascona noch lange Zeit die Vorstellung vom sündigen Monte Verità.

1920 verließen Ida Hofmann, Henri Oedenkoven und seine Frau Isabella den Berg, um in Brasilien noch einmal etwas Neues anzufangen. Karl Gräser war schon 1916 gegangen, er starb nervenkrank 1920 in Kassel. Jenny Hofmann war nach verschiedenen Zusammenbrüchen seit 1910 in einer Nervenheilanstalt in Budapest.

Gusto Gräser hinterließ um 1918 Frau Elisabeth mit den acht Kindern am Monte Verità und begab sich nach München in die Revolution, um seinen »Kommunismus der Liebe« dagegenzusetzen. Wie das bei den Schwabingern kurz vor Ausrufung der Räterepublik ankam, erzählt Oskar Maria Graf in *Wir sind Gefangene*. Schorsch ist Georg Schrimpf, der in der Zwischenzeit Maler geworden ist.

Elisabeth Gräser und ihre Kinder

»Um Schorsch waren stets die merkwürdigsten Leute. Allein traf man ihn nie. Ein halbfertiges Bild stand auf seiner Staffelei im Atelier, er hatte die Arbeit liegen gelassen, und der Naturapostel Gusto Gräser logierte bei ihm. Der war gekommen und nicht mehr weggegangen. [...] Er gab vor, sich nur in Quellwasser zu waschen, und da es in der Stadt keine Quelle gab, wusch er sich überhaupt nie. Er predigte selbstverständlich gänzliche Abkehr von der Zivilisation, trug in seinem umge-

---

[171] Robert Landmann, *Ascona – Monte Verità*, S. 173f.

hängten Lederbeutel braune, viereckige Blätter, auf denen seine Ideen in aphoristischer Form gedruckt waren und verkaufte oder verteilte diese ab und zu.

Ich kam einmal zu Schorsch und erschrak förmlich über die Verwüstung seines Ateliers. Schweigend und feindlich glotzte ich Gräser an. Mein Freund zog sich an, um mit zu gehen. [...]

›[...] Schmeiß ihn doch einfach hinaus!‹, rief ich.

›Heut' abend hat er eine Versammlung ... Da gehen wir alle hin‹, erzählte mein Freund statt jeder Antwort. Ich polterte. [...]

Wir gingen auseinander und trafen uns abends in der Gräser-Versammlung alle an einem Tisch [...]. Der Saal war ziemlich voll. Geraucht sollte nicht werden. Wir rauchten. Es ging auch bereits laut zu. Vorne saßen schwärmerische Mädchen mit Gretchenfrisuren, alte Jungfern, Wandervögel, idealistische Sonderlinge und dergleichen. Auch biedere Biertischler, Parteigesichter, typische Spartakus-Gestalten und anderes Volk war da. [...]

Gusto Gräser kam hereinmarschiert und stieg aufs Podium.

›Ziegenbock!‹, plärrte wer. Alles lachte. Andere wieder entrüsteten sich. Gräser machte eine halb segnende Armbewegung und fing seine monotone Predigt an. Ein unverständliches Sammelsurium von Zitaten und verschrobenen Meinungen ergoß sich über die Anwesenden, begleitet von Beifall, Gelächter, Hohnrufen und Klatschen. Vom Geist der Gewaltlosigkeit fing der Apostel an.

›Ach was Geist! Schnaps brauchen wir!‹, schrie ich lausbübisch. Unser Tisch fing zu lachen an. Der Lärm wurde stärker. Gusto Gräser redete unbeirrt weiter.

›Grasfressen und faulenzen ist sinnwidrig!‹, stichelte ich abermals.

›Jawohl! Diktatur des Proletariats!‹ sekundierten einige am Tisch. Schon stimmten die anwesenden Spartakisten bei. Die Wandervögel gurrten wütend, die Jungfern und Mädchen zischten gehässig.

›Nieder mit der Natur! Es lebe die Technik!‹, schrie mein Zimmerherr.

›Spartakus marschiert.‹

›Wir sind keine Menschen mehr –‹, rief Gräser, das andere ging unter.

Karikatur »Der Naturmensch« von Karl Arnold aus der *Jugend*, 1908

Entwurf von Georg Schrimpf für Oskar Maria Grafs zweiten Gedichtband 1919

›Nein, Viecher!‹, warf ich ins Toben. […]
Jeder trompetete jetzt seine Meinung aus. Drollig war es, Gräser stand machtlos oben und schüttelte nur noch ab und zu den Kopf. Ein fanatischer Spartakist stieg auf den Tisch und hielt die übliche Propagandarede: ›Proletarier! Die Weltrevolution marschiert! […] Die Macht kann nur mit Gewalt erobert werden! Hoch Liebknecht! Hoch Rosa Luxemburg und Lenin!‹ […]
Wir gingen mit Schorsch auf sein Atelier und warteten Gräser ab.
›Der muß raus!‹, stimmten wir alle überein.
Gräser kam, und wir fingen an, ihn zu verspotten; grob gemein und absichtlich verletzend stichelten wir auf ihn. Er murmelte bloß ab und zu ein sanftes Wort.
›Also, bitte, Natur! Natur, Herr Nachbar! Morgen bitte Lager nehmen im Englischen Garten!‹ sagte ich zuletzt fast drohend, und endlich gingen wir. Erst nach zwei Tagen räumte Gusto Gräser das Feld. Man sah ihn in der Stadt herumlaufen. Stets verfolgte ihn ein Rudel Kinder.«[172]

Der einsame Tod: Otto Gross

Otto Gross (1888–1963) hatte noch während des Krieges mit Franz Jung und Georg Schrimpf die Zeitschrift *Die freie Straße* in Berlin herausgegeben, aber sein labiler Gesundheitszustand und seine unveränderte Sucht machten verschiedene Internierungen in Heilanstalten wieder notwendig; es gab eine neue Liebe – Marianne Kuh, die Schwester des Literaten Anton Kuh, und eine Tochter mit ihr, Sophie. Wenn er in Berlin auftauchte, verzweifelten die Freunde an dem Versuch, ihm zu helfen. Franz Jung berichtet über seinen Tod am 13. Februar 1920:
»Es gehörte Phantasie dazu, zu Groß zu stehen. Später ist nicht ohne Bitterkeit

[172] Oskar Maria Graf, *Wir sind Gefangene*, S. 399ff.

Otto Gross

ein Schuldgefühl zurückgeblieben, die Erkenntnis, daß es unmöglich geblieben war, ihm zu helfen. [...]

Die Freunde können einmal und noch vielleicht ein andermal mit dem Revolver in der Hand Apotheken in der Nacht überfallen und Opium herausholen, aber das kann nicht zur Regel werden. Groß fühlte sich im Stich gelassen, hatte auch keine Kraft mehr, jemanden aufzusuchen und dort wieder für eine Zeit unterzukriechen. Er hatte sich eines Tages in einem sonst unbenutzten Durchgang zu einem Lagerhaus geschleppt und ist dort liegengeblieben. Er wurde zwei Tage später dort aufgefunden. Eine Lungenentzündung, verschärft durch völlige Unterernährung, konnte nicht mehr behandelt werden. Er ist den Tag darauf gestorben. Der Stern eines großen Kämpfers gegen die Gesellschaftsordnung – der Stern ist explodiert, erloschen und untergegangen; die Zeit war noch nicht reif, das Gesindel der Satten noch zu zahlreich. Vorläufig ist der einzelne noch machtlos gegen sein Verhängnis.«[173]

Soweit Franz Jung, der ihm in dieser letzten Zeit näher stand als alle anderen. 1978 hat der Schweizer Psychoanalytiker Emanuel Hurwitz sich des Falles Gross nach fast siebzig Jahren zum ersten Mal wieder angenommen und überhaupt erst die Grundlage geschaffen, dass eine Auseinandersetzung über den totgeschwiegenen anarchistischen Analytiker stattfinden konnte. Emanuel Hurwitz schreibt:

»Die radikale Konsequenz, mit der Otto Groß von der Psychiatrie zur Psychoanalyse, von dieser zu kulturellen, ethischen und politischen Theorien gelangt ist, die Radikalität aber auch, mit der er sein Leben in den Dienst seiner Ideen, der Vision eines autoritätsfreien, von Macht und Herrschaft gereinigten Lebens stellte, die Kompromißlosigkeit, mit der er sein Paradies verfolgte – dies alles mußte ihn als reale Gefahr erscheinen lassen. Sowohl der organisierte Sozialismus als auch die herrschende Moral eines dekadenten Bürgertums, sowohl die schulmäßige Psychiatrie als auch die ›eben gerade gesellschaftsfähig‹ gewordene Psychoanalyse – sie alle spürten wie immer den Zündstoff und die Sprengkraft in den Ideen Otto Groß'. Die Möglichkeit, ihn als Wahnsinnigen zu disqualifizieren und durch Totschweigen unschädlich zu machen, war so im Interesse zahlreicher Strömungen, mit denen Otto Groß sich angelegt hatte. Die Revolte der Söhne gegen die Väter wurde ohnehin bald abgelöst vom Kampf der Söhne

---

[173] Franz Jung, *Der Weg nach unten*, Hamburg 1961, S. 85

für die Väter im Feld. Und während Otto Groß seinerseits Dienst als Spitalarzt leistete und für die Aufhebung der Vormundschaft – der Kuratel – kämpfte, wurde er langsam vergessen.«[174]

Flucht aus der Zeit. Hugo Ball und Hermann Hesse

Hugo Ball ging nach dem Sommer auf der Alp Brussada nach Bern, um an der *Freien Zeitung* mitzuarbeiten, die sich vor allem mit deutscher Politik und der Kriegsschuldfrage beschäftigte; es war das letzte Mal, dass Hugo Ball publizistisch-politisch tätig war. Seine später als Buch veröffentlichte *Kritik der deutschen Intelligenz*[175] erschien darin als Artikelserie. Die Zeitung löste sich 1920 auf, aber Ball war schon vorher zum ersten Mal nach dem Krieg nach München gefahren und schickte eine Postkarte an Emmy, die in der Schweiz geblieben war, am 15. März 1919, das war genau zwischen der Ermordung Eisners (21. Februar) und dem Tag, an dem der revolutionäre Zentralrat Bayerns und der revolutionäre Soldatenrat mit Landauer und Mühsam die Räterepublik ausrufen ließen (7. April 1919).

> *Hugo Ball an Emmy Hennings*[176]
> München, 15.3.1919
> Mein liebes Emmylein,
> hier hast Du die schöne Theatinerkirche, die jetzt noch viel schwärzer geworden ist, als sie war. Die kleine Muschel-Madonna läßt innigst grüßen. Wir haben uns bereits gemeldet und morgen Samstag ist große Audienz. München, mein Liebling, hat sich gar sehr verändert. Man kennt die Stadt kaum wieder. Sie ist wie ein altes Panzerschiff, das in Reparatur gehört. Und die Menschen ...

Ab 1920 zog sich Hugo Ball ins Tessin nach Agnuzzo zurück. Seine »Flucht aus der Zeit«, wie er seine Tagebuch-Aufzeichnungen überschrieben hat, ist die persönliche Konsequenz aus den Erfahrungen und Enttäuschungen dieser Jahre und zugleich ein existientielles Programm. »Flucht aus der Zeit« heißt für Ball: aus der offiziellen Geschichte, der Geschichte der Macht und allen Machtdiskursen auszusteigen. Was in den Dada-Auftritten schon angelegt war, die Auflösung der großen, sinnträchtigen Worte und Posen, die Demaskierung des Nationalis-

---

[174] Emanuel Hurwitz, Otto Gross – von der Psychoanalyse zum Paradies, in: Harald Szeemann, *Monte Verità. Berg der Wahrheit*, S. 114f.
[175] Hugo Ball, *Zur Kritik der deutschen Intelligenz*, München 1970
[176] Hugo Ball, *Briefe 1911–1927*, Einsiedeln / Köln / Zürich 1957

mus, die Hinwendung zu Formen des Ritus und der Magie, nimmt bei ihm nun mehr und mehr religiöse Züge an.

In einem ersten Schritt hatte Ball schon in seinem Pamphlet *Zur Kritik der deutschen Intelligenz* eine Umkehr und ein radikales Umdenken gefordert, beginnend mit einem Angriff auf Martin Luther, der in Balls Sicht ein nationales Unglück gewesen sei, weil er eine Freiheit propagierte, die im selben Zug die Knechtung durch die Landesfürsten zugelassen und sogar gutgeheißen habe, und von dort die protestantische Linie fortführend über Kant, der »die preußische Knutung zur Metaphysik«[177] erhoben habe, bis hin zu Marx und Lassalle, die er ebenfalls in seine Kritik mit einbezieht. Was Ball versucht, ist eine vorweggenommene – oft unausgegorene und mutwillige – »Dialektik der Aufklärung«, wie sie später von Adorno und Horkheimer unternommen wurde. Über Hegel schreibt er: »Und so wurde der deutsche ›Idealismus‹ zu jenem Geheimkabinett, auf dessen Dach die Flagge der Vernunft und Aufklärung wehte, während im Innern ein Mystagoge seiner Nation eine Chloroformmaske übers Gesicht warf und das betäubte Objekt dem Sadismus der Herrscher auslieferte.«[178]

Ein zweiter, sehr viel leiserer Schritt führt ihn zum »Byzantinischen Christentum«, einem franziskanisch-mönchischen Katholizismus, der in extremer Selbstbescheidung und Hingabe auf alle Menschenmacht verzichtet. Die bittere Armut, in der Emmy Hennings und Hugo Ball in diesen Jahren lebten, verband sich mit einer Religiosität des Verzichts. Balls »Byzantinisches Christentum« war gleichsam der gebliebene Traum, an dem er sich festhalten konnte, um nicht fortgeweht zu werden. Die Labilität, die ihn und Emmy Hennings auszeichnete, fand einen gemeinsamen Halt in der Beschäftigung mit Heiligen, Engeln, Seraphim und Cherubim, so wie es ganz anders und doch nur um einen kleinen Sprung verschieden in der Dada-Zeit das Vortragen von Laut-Gedichten gewesen war. Vom Nonsens zur Metaphysik, vom Unsinn zum Tiefsinn war die Grenze nie wirklich vorhanden. Die verschiedenen Lebensformen von Hugo Ball, als Dadaist, als Anarchist, Schriftsteller, heiliger Narr und Mystiker hängen enger zusammen als es scheinen mag. 1921 notiert er:

»Der Sozialist, der Ästhet, der Mönch: alle drei sind sich darüber einig, daß die moderne bürgerliche Bildung dem Untergang zu überantworten sei. Das neue Ideal wird von allen dreien seine neuen Elemente nehmen.«[179]

Die Isolation, in der sich Hugo Ball und Emmy Hennings mit Emmys Tochter Annemarie in dem kleinen Dorf Agnuzzo in der Nähe von Lugano befanden, führte 1920 auch zum glücklichen Zusammentreffen mit einem anderen Einzel-

---

[177] Hugo Ball, *Zur Kritik der deutschen Intelligenz*, S. 24
[178] A. a. O.
[179] Hugo Ball, *Die Flucht aus der Zeit*, S. 278

gänger: Hermann Hesse war 1919 endgültig ins Tessin übersiedelt, zunächst nach Minusio am Lago Maggiore und später nach Montagnola, unweit von Lugano.

Hugo Ball berichtet in seinem Tagebuch *Flucht aus der Zeit* 1920:

> 4. XII.
> »Wir haben den Dichter des ›Demian‹ nun auch privatim kennengelernt. Es klingelte um die Mittagsstunde und herein trat ein schmaler, jugendlich aussehender Mann von scharfem Gesichtsschnitt und leidendem Wesen. Er überfliegt mit einem Blick die Wände, dann schaut er uns lange in die Augen. Wir bieten einen Stuhl an, ich lege Feuer in den Kamin. So sitzen wir bald und plaudern, als seien wir gute Bekannte seit langer Zeit.«[180]

Mit Hermann Hesse entstand bald eine Freundschaft, die sich für Ball und Emmy Hennings als lebensrettend erwies. Er unterstützte sie mit Geld, wenn sie selber keins mehr für den nächsten Tag hatten. Und er autorisierte Hugo Ball, eine Biografie über ihn zu schreiben. Für Ball bedeutete das noch einmal die Rückkehr in die Literatur – die Hesse-Biografie wurde sein meistgelesenes Buch. (Der Monte Verità kommt darin nicht vor.) Und so sehr sich ihre religiösen Vorstellungen auch unterschieden, so sehr verband sie doch die Vorstellung von einer Gegen-

Hermann Hesse im Tessin (2. v. li.), mit Emmy Hennings (2. v. re.) und Hugo Ball (re.)

[180] A. a. O., S. 276f.

welt gegen die herrschenden Zustände in Deutschland und Europa. Was bei Ball das »Byzantinische Christentum« war, war bei Hesse die Hinwendung nach Indien und zum fernöstlichen Denken. »Wir beide«, schreibt Hermann Hesse später, »erlebten im Krieg den sichtbaren Zusammenbruch, die verzweifelte Explosion eines europäischen Geistes- und Seelenzustandes, und wir erlebten diesen Zusammenbruch beide ganz ähnlich: nicht bloß als Erschüttertsein von all dem Mord und all der Not, sondern als Aufruf an das eigene Gewissen. Nicht die Welt anzuklagen, nicht Forderungen nach außen aufzustellen, sondern mit der Änderung im eigenen Herzen zu beginnen, das Leid bis zur Hefe auszukosten, die Not zum höchsten Antrieb zu machen – darin waren wir einig [...].«[181]

Die Flucht aus der Zeit ließ Hugo Ball nicht unbehelligt. 1921 schreibt er: »Ich habe mir an der Zeit die Zähne ausgebissen und mir in Folge davon auch den Magen verdorben.«[182] 1927 stellt der Arzt bei ihm Magenkrebs fest. Emmy Hennings: »Ich selbst, die ich die Diagnose des Arztes genau kannte, geriet in eine seltsame Verwirrung, hielt für möglich, daß die Natur selbst für diesen Einen ein neues Gesetz schaffen würde. Nicht, daß ich ein Wunder erwartete, ich hielt es nur für möglich.«[183] Hugo Ball stirbt am 14. September 1927. Emmy Hennings bleibt im Tessin in naher Freundschaft zu Hesse und seiner Frau Ninon; sie schreibt ein »Buch der Erinnerung«: *Hugo Balls Weg zu Gott*.[184] Wie ein Nachruf auf sich selbst klang eine Eintragung in der *Flucht aus der Zeit* von 1920:

»Meinen recht unbändigen, an den letzten Beispielen geschärften Eigenwillen hat kaum jemand überboten. Er ging politisch bis zur Anarchie und künstlerisch zum Dadaismus, der eigentlich meine Gründung, oder besser gesagt, mein Gelächter war.«[185]

---

[181] Hermann Hesse, in: Hugo Ball, *Briefe 1911–127*, S. 12
[182] Hugo Ball, *Die Flucht aus der Zeit*, S. 286
[183] A. a. O., S. XXVIII
[184] Emmy Hennings, *Hugo Balls Weg zu Gott. Buch der Erinnerung*, München 1931
[185] Hugo Ball, *Die Flucht aus der Zeit*, S. 269

Kapitel 6
Die Baronessa: Marianne von Werefkin. Malen in Ascona

Ascona hat mich gelehrt, nichts Menschliches zu verachten, das große Glück des Schaffens und die Armseligkeit der Existenzmöglichkeit gleich gut zu leben und sie als Schutz der Seele in mir zu tragen.
Marianne von Werefkin, Ascona, 14. September 1931[186]

Marianne von Werefkin in Ascona

Mit der Ankunft der Maler Marianne von Werefkin (1860 bis 1938) und Alexej von Jawlensky (1865–1941) in Ascona 1918 kommt noch einmal ein anderes Schwabing in den Tessin: die Erinnerung an die große Zeit von München als avantgardistische Kunststadt, an die Gründung der Neuen Künstlervereinigung, die in Marianne von Werefkins »rosafarbenen Salon« beschlossen wurde, an den »Blauen Reiter«, mit dessen Ausstellungen die abstrakte Moderne, sehr zum Missvergnügen des konservativen Publikums, in München eingeführt wurde. Wassily Kandinsky, Franz Marc, Gabriele Münter, August Macke, Alexej von Jawlensky und eben Marianne von Werefkin waren die Schöpfer der neuen Kunst, und dazu kamen in Schwabing auch die Tänzer Clothilde von Derp und Alexander Sacharoff – ein häufig (als Frau oder

[186] Zit. nach Bernd Fäthke, *Marianne Werefkin*, München 2001, S. 201

Mann) gemaltes Modell vor allem von Jawlensky. Clothilde von Derp, die später auch nach Ascona kam, schrieb in ihren erst kürzlich veröffentlichten Memoiren über die Treffen bei der Werefkin in der Schwabinger Giselastraße:

»In ihrem Salon traf sich die Münchner Kolonie russischer Aristokraten und Künstler. Ein buntes und seltsames Rußland mitten in meiner braven Stadt München. Man sprach ausschließlich über Kunst. Ich fühlte, daß man nur dafür lebte. Während man mir feierlich – als handle es sich um eine Hostie – eine Tasse Tee reichte, hörte ich, geblendet, diesen für mich vollkommen neuen Gesprächen zu. [...] Es ging nicht nur um technische Perfektion. Sie wollten aus dieser Kunst eine neue Sprache machen, die Ausdruck einer Vision, einer inneren Offenbarung sei. Ich trank diese Worte förmlich. War dies alles nicht in demselben Maß für den Tanz gültig? Ich hatte immer meine innere Welt getanzt, ohne mich auf historische Stile oder auf andere zu stützen. [...] Obschon Jawlensky mit seinen starken, lebhaften Farben und seinen einfachen, mächtigen Formen sie weit übertraf, schien mir Marianne von Werefkin durch ihre Geistesgegenwart und ihre Persönlichkeit die Muse der damaligen russischen Künstlerbewegung in München zu sein.«[187]

Marianne von Werefkin und Jawlensky waren 1896 zusammen nach München gekommen. Sie war eine sehr begabte

[187] Clotilde von Derp, La vie que nous avons dansée, in: Frank-Manuel Peter, Rainer Stamm (Hrsg.), *Die Sacharoffs*, Köln 2002, S. 161f.

Clothilde von Derp

Kostümentwurf von Alexander Sacharoff

Schülerin und Freundin des russischen Malers Ilja Repin (1844–1930) gewesen, dessen Verbindung zu Leo Tolstoj und seinem sozialen Engagement in Repins Bildern zu sehen sind – und später auch in Werefkins eigenen, die sie in Ascona gemalt hat. Ihr Verhältnis zu dem fünf Jahre jüngeren Jawlensky war sehr schwierig – eine große asymmetrische Liebe zu Anfang und eine gemeinsame Leidenschaft für die Kunst; sie war die Tochter eines Generals, des Kommandanten der Peter-und-Pauls-Festung in Petersburg, eine junge selbstbewusste Frau, die schon viel Anerkennung als Malerin fand, er war ein kleiner Offizier am Beginn seines Kunststudiums. Sie erkannte in ihm ein kommendes Genie, er begab sich in ihre Schule. Geheiratet wurde nicht, weil sie bei einer Heirat die zaristische Pension verloren hätte nach dem Tod ihres Vaters, Jawlensky war zu arm, um für beide sorgen zu können. Als sie nach München kamen, mit Haushälterin und jungem Dienstmädchen, besuchte Jawlensky die Malschule von Ažbe; Marianne von Werefkin sorgte für Gesellschaft, künstlerische Beziehungen und kunstphilosophische Zukunftsvisionen. »Es muß also ein Publikum gebildet werden. Dies ist die Rolle der Frau«, schreibt sie um die Jahrhundertwende in ihr Tagebuch. »Sie ist da, um Verkünder der neuen Ideen zu sein, besonders in der Kunst, um das Genie der Masse zu erläutern. Es ist durch die Frau, wenn das Genie Besitz von der Menge ergreift ...«[188]

Das ist die Rolle, die sie einnimmt in ihrem Salon, und gleichzeitig gibt sie das Malen für ganze zehn Jahre auf, wahrscheinlich, um Jawlensky nicht zu erdrücken, vielleicht auch, weil sie das Genie nur männlich denkt. Jawlensky ist ihr nicht gewachsen, auch künstlerisch noch nicht, und er wendet sich dem jungen Dienstmädchen zu, das bald schwanger wird. Das Kind, Andreas, wächst im Haushalt von Marianne von Werefkin auf, es wird als Neffe von Jawlensky ausgegeben, aber sie hat nicht damit gerechnet, dass er ihr auch seine Liebe entziehen würde, und ihre Tagebücher der nächsten Jahre, veröffentlicht als »Lettres à un inconnu«, durchziehen eine herzzerreißende Einsamkeit und Bitternis über den Liebesverrat von Jawlensky.

»Ich bin die starke Jungfrau, die man im Kampfe liebt, nicht die, die man beschützt und zu der man zärtlich ist. Das ist Ruhm, aber auch Kälte. Liebe ohne Zärtlichkeit. [...]

Ich schreibe, damit mein Herz nicht bricht vor maßlosem Schmerz, von solcher Trauer, dass durch sie alles von Gott gegebene Glück vergiftet wird. Er hat alles vor sich. Ich half ihm, sich auf die Füße zu stellen. Mag er gehen, wohin ihn das Leben ruft ... [...] In mir wächst der Schrecken, alles wieder zu vernichten, ohne die Möglichkeit neues Licht, neue Wärme zu finden.«[189]

---

[188] Marianne von Werefkin, zit. nach Bernd Fäthke, *Marianne Werefkin*, München 2001, S. 53
[189] Marianne von Werefkin, Lettres à un inconnu, zit. nach Fäthke, a. a. O., S. 60ff.

Der weitaus größere Teil ihrer Tagebucheintragungen sind künstlerischen und ästhetischen Überlegungen gewidmet, und an ihnen wird deutlich, wie viel die Maler aus ihrem Umkreis, auch Kandinsky, ihren visionären Gedanken verdanken.

»Marianne spielt mit den Farben Russlands Malen«

Eines Tages beendet sie ihr Tagebuch und beginnt um 1906 wieder zu malen, und die stärksten ihrer ersten neuen Bilder sind Einsamkeitsbilder, alte Frauen auf Landstraßen, gesichtslose Arbeiter von Lasten gebeugt, immer in grandioser Landschaft in expressiven Farben. Die nächsten Jahre in München und Murnau sind eine ganzes Kapitel Kunstgeschichte: die Gründung der Neuen Münchner Künstlervereinigung als Secession der Secession, der Siegeszug des »Blauen Reiters«, der Kampf für die Anerkennung der abstrakten Malerei. Marianne von Werefkin ist immer im Zentrum dabei. Else Lasker-Schüler, die vor dem Krieg oft nach München kam, schreibt 1913 einen Brief an Marianne von Werefkin aus der Pension »Modern«, Theresienstraße 80:

Else Lasker-Schüler an Marianne von Werefkin: [190]

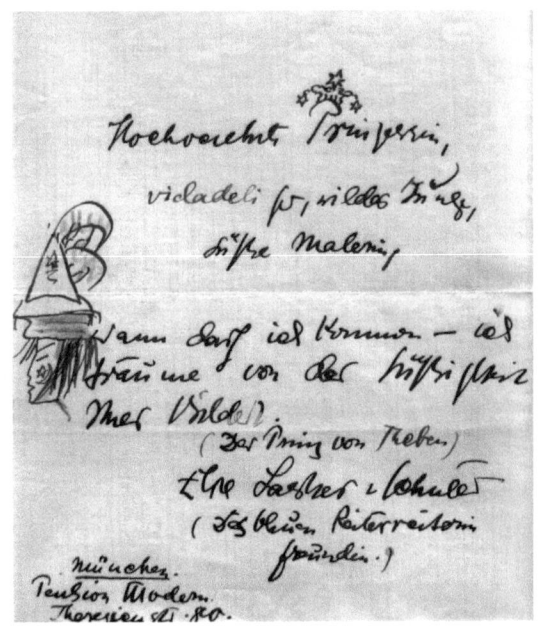

»Hochverehrte Prinzessin,
vieladeliger, wilder Junge,
süße Malerin,

wann darf ich kommen –
ich träume von der
Süßigkeit Ihrer Bilder.

(Der Prinz von Theben)
Else Lasker-Schüler
(Des blauen Reiterreiterin
Freundin.)

Und sie schreibt ein Gedicht über sie, dessen erste zwei Strophen lauten:

[190] Else Lasker-Schüler, zit. nach Fäthke, a. a. O., S. 185

Marianne spielt mit den Farben Rußlands Malen:
Grün, Hellgrün, Rosa, Weiß,
Und namentlich der Kobaltblau
Sind ihre treuen Spielgefährten.

Marianne von Werefkin –
Ich nannte sie den adeligen Straßenjungen.
Schelm der Russenstadt, im weiten Umkreis
Jeden Streich gepachtet.[191]

Als der Erste Weltkrieg erklärt wird, müssen alle Russen sofort das Land verlassen, und so brechen auch Marianne von Werefkin und Alexej von Jawlensky mit Sohn und dessen Mutter Helene und einem Dienstmädchen überstürzt auf und fahren in die Schweiz. »Ich bin am 3. August 1914 als Réfugiée, ohne Sachen, ohne Geld, ohne Gepäck angekommen«[192], schreibt sie später darüber. Die Ausweisung betraf genauso Kandinsky, ebenso wie die Sacharoffs, die Marianne von Werefkin nicht nur sehr oft in der Schweiz gesehen hat, sondern zeitweilig auch als deren Tournee-Manager gearbeitet hat. Denn ihr Lebensstil im Exil musste sich nun drastisch ändern – ihre Pension wurde um die Hälfte gekürzt, und nach der russischen Revolution bekam sie überhaupt nichts mehr aus Russland. Die Kriegszeit verbrachte die »Familie« in beengten Zimmern in St. Prex am Genfer See und in Zürich; Jawlensky ertrug die plötzliche Armut schlecht und wandte sich einer neuen Gönnerin zu, die ihn in den folgenden Jahren protegierte (und übrigens ebenfalls ihre eigene Malerei aufgab!). Der Zustand war für Marianne von Werefkin längst unhaltbar geworden, aber als Jawlensky in Zürich krank

Marianne von Werefkin vor ihrem Atelier an der Piazza

[191] Else Lasker-Schüler, *Sämtliche Gedichte*, München 1966, S. 223
[192] Zit. nach Fäthke, S. 187

wurde, beschloss sie, mit allen nach Ascona zu ziehen – wegen des wohltuenden Klimas, weil das Leben im Süden billiger war, und natürlich auch, weil sie wusste, dass sie dort auf Freunde treffen würde.

»Ist Ascona nicht schön?«

Im Juli 1919 schreibt Friedrich Glauser an Elisabeth von Ruckteschell aus Ascona:

> Liebwerteste très chère,
> […]
> Du sollst zurückkommen, denn der Sommer verlangt nach dir. Er findet sich unnütze Staffage, wenn du fehlst. Gestern war ich segeln, ganz allein, in Fricks Boot, das ein paar Mal sich entschließen wollte umzukippen, es aber dann doch bleiben ließ. […] Mittwoch abends, oder Donnerstag, hatten wir große Versammlung im Café Central. Die Verrefkina, Yawlensky, die Wiegmann, Trümpi, Wulff etc. Bis ½2 dauerte die Freude, mit Cabaret etc. Die Werefkina erzählte sehr lustige Geschichten. Mary Wiegmann ist nun auch fort und wir sind allein, ohne einsam zu sein.[193] […]

Marianne von Werefkin, aus den »Impressionen von Ascona« 1928

Marianne von Werefkin befand sich wieder im Zentrum der Künstler, aber es ist ein völlig anderes Leben, das sie nun in Ascona führt. Sie hat so wenig Geld, dass sie zeitweilig als Vertreterin für medizinische Produkte herumreist, und auch in den folgenden Jahren bleibt sie arm, ohne sich darüber zu beklagen. Das Drama mit Jawlensky

---

[193] Friedrich Glauser, *Man kann so schön mit Dir schweigen. Briefe 1919–1932*, Wädenswil 2009, S. 9

spitzt sich zu; sein inzwischen siebzehnjähriger Sohn möchte das Verhältnis seiner Eltern legalisiert sehen, was Marianne von Werefkin zutiefst verletzt, weil sie sich immer noch an sein lebenslanges »Eheversprechen«, das er ihrem Vater gegeben hat, gebunden fühlt. Und auch, weil Jawlensky ein großartiger Maler geworden ist, der gerade in den ersten Jahren in Ascona zu der Radikalität gefunden hat, die sie sich erhofft hat. Er schreibt im Rückblick, die Jahre in Ascona seien die »interessantesten seines Lebens« gewesen:

»Wir hatten eine sehr schöne Wohnung mit einem Garten direkt am See. Es war das letzte Haus von Ascona. Gleich daneben fing die Campagna an, und diese Campagna war bezaubernd schön wie ein Traum. [...] Viele meiner ›Variationen‹ sind dort geschaffen worden, ebenso wie meine ›Heilandsgesichter‹ und meine abstrakten Köpfe. Für mich waren es heilige Köpfe. Wenn ich jetzt daran denke, krank und siebzig Jahre alt, weint meine Seele vor Trauer und Nostalgie.«[194]

Aber es ist zu spät – sie kommen nicht wieder zusammen. Claire Goll berichtet: »Das baufällige Schlößchen, das sie in Ascona bewohnten, schallte vom Morgen bis zum Abend von zankenden Stimmen. Eines Tages sollte es soweit kommen, daß der Grandseigneur Jawlensky die Werefkin verstieß und die Köchin heiratete«, berichtet Claire Goll.

»Jawlensky bat mich oft, ihm Modell zu sitzen.

›Sie malen ja doch immer nur denselben Kopf‹, meinte ich.

›Hat der Schöpfer nicht allen Menschen den gleichen Kopf gegeben?‹, erwiderte er. ›Und doch sind sie alle verschieden.‹ War es die Nähe der Berge um Ascona, welche die Seele zu Gott erhob? War es die chaotische Zeit, die manche trieb, in der Religiosität Zuflucht zu suchen? Jawlensky wie Hugo Ball und später Pierre-Jean Jouve spannen sich in Mystizismus, Frömmigkeit und Gebet ein.

›Die Kunst ist doch letzten Endes das Verlangen, Gott näherzukommen‹, sagte Jawlensky.«[195]

Die Trennung von Jawlensky ist die größte Veränderung in Marianne von Werefkins Leben. Sie lässt sich nun ganz ein auf die neue Umgebung, auf die dörfliche Realität, auf die Menschen, die sie bald als zugehörig empfinden und sie erst la Baronessa nennen und später liebevoll la Nonna – die Großmutter. Sie ist fast sechzig, als sie nach Ascona kommt. Auf den Fotos an ihrer Staffelei mit Schürze und Kopftuch könnte sie auch eine Bäuerin sein, aber ihr selbstbewusster Blick und ihre aufrechte Haltung zeigen, dass sie mit ihrer Arbeit identisch ist. Die Bilder, die jetzt entstehen, sind durchglüht von expressiven Farben, die Berge sind auch Seelenlandschaften, ragen spitz in den Himmel, die Menschen

---

[194] Alexej Jawlensky, *Lebenserinnerungen*, Hanau 1970, S. 119
[195] Claire Goll, *Ich verzeihe keinem*, S. 55

erscheinen klein und dunkel im Verhältnis zu der mächtigen Bergwelt, deren Gipfel oft in allen Rottönen leuchten. Auf anderen Bildern sieht man die Fabrikarbeiter oder die Fischer im Sturm. Tausende von Aquarellskizzen entstehen, oft mit Texten versehen, die tagebuchartig kleine Ereignisse festhalten. »Da haben wir zu zwein Weihnachten gefeiert, Gottes Welt und ich, und haben uns die Hand geboten und Treue gelobt. Als der Morgen kam und die ersten Bergspitzen goldene Mäntel um die Schultern nahmen, um dantesk zu reden. Da ging ich nach Ascona herunter, ein neuer Mensch, Asconas Grossmutter, liebend, verzeihend. So machen es hier Gespenster und Vampyre. Ist Ascona nicht schön?«[196]

Starke Frauen

Die drei Künstlerinnen Marianne von Werefkin, Else Lasker-Schüler und Mary Wigman waren stadtbekannte Erscheinungen, drei starke Frauen, die jede auf ihrem Gebiet etwas Neues in die Kunst brachten. Sie kamen alle aus verschiedenen Gründen nach Ascona, aber es sieht nicht nach Zufall aus, dass sie dort zusammentrafen. Nur für Mary Wigman war der ursprüngliche Monte Verità mit Labans und Oedenkovens Schule für Kunst der Anlass gewesen zu kommen, aber für die anderen beiden gab es noch den Nachhall davon, nicht die Lebensreform, sondern die Freiheit, nach eigenen Gesetzen leben zu können. Alle drei waren nicht (mehr) verheiratet und verliebten sich in sehr viel jüngere Männer: Else Lasker-Schüler in den unerreichbaren Dogen, Marianne von Werefkin in einen jungen Mann, den sie Santo nennt, Mary Wigman in den vierzehn Jahre jüngeren Psychologie-Studenten Herbert Binswanger.[197] Alle drei Frauen hatten auch männliche Züge – Else Lasker-Schüler nannte sich Prinz Jussuf und die Werefkin einen adeligen Straßenjungen, die kraftvolle Art zu tanzen von Mary Wigman war für das damalige Verständnis ganz unweiblich. Gleichzeitig kann man beobachten, dass es auf dem Monte Verità und Umgebung viele Männer gab, deren Abneigung gegen Machtausübung einherging mit der Auflösung der männlichen Rollen – die langen Haare und die weiten Kittel waren ein äußerliches Zeichen dafür, ebenso wie bei manchen die unentschiedene Sexualität. Starke Frauen waren nicht nur die Künstlerinnen (dazu gehörten natürlich auch die Gräfin Reventlow und Emmy Hennings) – Ida Hofmann war »das Gehirn«

---

[196] Marianne von Werefkin, Impressionen von Ascona (1928), Galleria Via Sacchetti, Ascona 1988
[197] Das war, nachdem sie sich von Hans Prinzhorn getrennt hatte, der 1922 *Die Bildnerei der Geisteskranken* veröffentlicht hatte. »Her dance and his psychiatry were twin fruits of Asconism.« Martin Green, *Mountain of Truth*, S. 199

unter den Gründern, Elisabeth Dörr, Wandergefährtin von Gusto Gräser, zog schließlich acht Kinder allein auf, Frieda Gross ließ sich auf den fragilen Ernst Frick ein und stabilisierte ihn, Margarethe Hardegger versuchte im Alleingang die sozialen Arbeits- und Lebensbedingungen der Frauen zu verbessern. Zu diesen starken Frauen gehörte auch Olga Fröbe-Kapteyn, die Gründerin der Eranos-Bewegung, die in den zwanziger Jahren zum ersten Mal auf dem Monte Verità war.

Marianne von Werefkin malte in Ascona Hunderte von Bildern. 1922 wurde das bescheidene Museo Comunale gegründet, dem sie mehrere ihrer eigenen Bilder stiftete und auch Bilder aus ihrem Besitz von befreundeten Künstlern, so von Paul Klee und Arthur Segal[198]. Heute hat das Museo Comunale mit seiner Fondazione Marianne Werefkin die bedeutendste Sammlung ihrer Bilder und große Teile ihres Nachlasses. Es ist sehr schön, die Bilder dort in der direkten Umgebung zu sehen, wo sie gemalt wurden, die Transformation der Gebirgswelt in bedrohliche Felsentürme oder tröstliche Himmelsberührer. –

Mit dem inzwischen ziemlich verwaisten Monte Verità hatte Marianne von Werefkin nicht viel zu tun, aber es gab doch noch Verbindungen, und eine war sehr folgenreich. Eduard von der Heydt berichtet in seinen Erinnerungen von einem Aufenthalt in Locarno 1923, als er zum ersten Mal nach Ascona eingeladen wurde:

»Bei dem Abendessen war auch die höchst amüsante russische Malerin Baronesse Werefkin zugegen ... Sie hatte wie viele interessante Russinnen nicht nur großen Charme, sondern auch eine überzeugende Art zu sprechen und einen anzusehen. Mit blitzenden Augen fragte sie mich, ob ich schon die Perle Asconas, den ›Monte Verità‹, gesehen hätte, was ich verneinte. Ich hatte von einem Monte Verità noch nie etwas gehört. Wir verabredeten für den nächsten Tag eine gemeinsame Tour dorthin, und sie erzählte mir in kurzen Stichworten die merkwürdige Geschichte dieses Berges ...

Als ich mit gespannter Aufmerksamkeit den Erzählungen der Frau von Werefkin lauschte und mit ihr über den Berg schritt, war ich begeistert von der Schönheit und einzigartigen Lage von Monte Verità. Die Hütten und Gebäude der früheren Naturmenschen standen zwar noch, aber sie befanden sich alle in einem ziemlich verwahrlosten Zustand ...

Ich dachte zunächst nicht im Entferntesten daran, das Grundstück zu erwerben, weil ich in Holland wohnte und geschäftlich außerordentlich in Anspruch genommen war.«[199]

---

[198] Siehe Bernd Fäthke, S. 207
[199] Zit. nach Robert Landmann, *Ascona – Monte Verità*, S. 226

Das Haupthaus 1926, bevor Baron von der Heydt (links) das neue Hotel baute.

Von der Heydt kauft dann den Berg drei Jahre später, für die Hälfte des geforderten Preises von 320 000 Fr. – als Bankier konnte er wohl ermessen, dass das einer unerhörten Occasion gleichkam, denn schon Oedenkoven hatte 26 Jahre vorher mehr für das damals vollkommen wilde Grundstück bezahlt.

Damit ging der Monte Verità in sein nächstes Stadium, ganz nach Harald Szeemanns Charakteristik solcher »Orte der Kraft« – zuerst kommen die Spinner und entdecken einen Ort, fangen seine Strahlungen auf und mythisieren ihn, dann kommen die Künstler, die seine Schönheit besingen, und dann die Bankiers. So auch hier: 1926 übernimmt der Baron Eduard von der Heydt (1882 bis 1964), Bankier Kaiser Wilhelm II., einer der größten Sammler zeitgenössischer und außereuropäischer Kunst, den Monte Verità und lässt darauf von Emil Fahrenkamp ein großes Hotel im Bauhaus-Stil errichten.

Auch durch Ernst Frick war die Baronessa von Werefkin sicher gut über das Vorleben des Monte Verità informiert. Mit ihm und fünf anderen Malern (Walter Helbig, Albert Kohler, Gordon McCouch, Otto Niemeyer, Otto van Rees) gründete sie die Malergruppe »Der große Bär«, die zusammen Ausstellungen organisierten und sie auch in anderen Städten der Schweiz zeigten. Ernst Fricks Lebenslauf – von der Anarchie zur freien Liebe, zur Kunst und zur Archäologie, nennt Harald Szeemann in seiner Ausstellung einen »exemplarischen Ascona-Lebenslauf«.

Ernst Frick und Marianne von Werefkin

Und noch eine Verbindung gab es zum Monte Verità für Marianne von Werefkin in ihrer ersten Zeit in Ascona: die Sacharoffs, inzwischen verheiratet (die Werefkin war ihre Trauzeugin in Zürich gewesen), kamen im Winter nach Ascona 1919 und tanzten auf dem Monte Verità. Clothilde von Derp (1892–1974), die schönste aller modernen Tänzerinnen, hatte schon vor Mary Wigman in München eine Art Ausdruckstanz begonnen, wie man aus ihrer eingangs zitierten Erinnerung ablesen kann, beflügelt vom Enthusiasmus der damaligen ästhetischen Diskussionen im Salon der Werefkin. Jetzt waren sie hier wieder zusammen, und nur kurze Zeit später entstand ein neues Tanzforum in Ascona: Charlotte Bara (1901–1986), die »gotische« oder auch »ägyptische« Tänzerin, war eine Schülerin von Alexander Sacharoff, für die ihr Vater das Castello San Materno kaufte und später ein Theater dazu bauen ließ, ein modernes Kammerspielhaus, im Bauhausstil entworfen von Carl Weidemeyer.

Teatro San Materno, für Charlotte Bara von dem Architekten Carl Weidemeyer 1928 in Ascona gebaut.

Charlotte Bara, die »ägyptische« Tänzerin   von li. n. re.: Clothilde von Derp, Marianne von Werefkin, Alexander Sacharoff

Das war schon in den zwanziger Jahren, und zu der Zeit ist es unmöglich, alle Künstler und Schriftsteller aufzuzählen, die vorübergehend oder länger in Ascona arbeiteten oder Ferien machten. Rainer Maria Rilke war von den Eltern der Bara eingeladen worden, im Castello San Materno zu wohnen, fürchtete aber »Steinfußböden und kleine eiserne Öfen, mit ihrem tückischen Jähzorn von Gluth und der kalten rostigen Apathie gleich hernach. Seit meiner Jugend […] sind mir diese Geschöpfe verhängnisvoll gewesen. Und nun die Fliesen dazu …«[200] Er quartierte sich dann für den Winter 1919/20 im benachbarten Locarno ein.

In den zwanziger Jahren wurde das Fischerdorf Ascona allmählich mondän und hatte doch immer noch eine Seele für Außenseiter, Spinner und Künstler. Marianne von Werefkin gewann Freunde und Gönner, aber sie blieb arm und zu stolz, um ihre Bilder an »Unwürdige« zu verkaufen. Die Bewohner von Ascona liebten sie dafür und sorgten sich um sie, als sie Mitte der dreißiger Jahre krank

---

[200] Rainer Maria Rilke, Brief vom 19. Dezember 1919 aus Locarno an Elvire Bachrach, zit. nach: Joachim W. Storck, *Rainer Maria Rilke*, Ausstellungskatalog Nr. 26, Schiller-Nationalmuseum Marbach a. N., München/Stuttgart 1975

Marianne von Werefkin, »Die Grube I«, um 1926

und schwach wurde. An einen ihrer treuen Gönner schrieb sie 1937: »Vor Weihnachten war ich ganz auf der Kippe ... Die ganze Bevölkerung Asconas, reich und arm, hat mich gepflegt ... Deine Hilfe kam auch mehr als gelegen und erlaubte mir, mir keine Sorgen zu machen.«[201] Große und berechtigte Sorgen machte sie sich aber doch über ihre in München verbliebenen Sachen, vor allem um ihre Bilder, die von den Nationalsozialisten als entartet gebrandmarkt wurden. »Da aber die preservativen Massregeln gegen die entartete Kunst bis zur Kastrierung der betreffenden Künstler gehen, so habe ich Angst bekommen, die Aufmerksamkeit der deutschen Behörden auf mein stilles Werk zu lenken. Unbeschützt wie es ist, könnten leicht Ikonoklastik-Gelüste erweckt werden, und das täte mir leid.«[202]

Am 6. Februar 1938 starb Marianne von Werefkin. »Es kam zu einer Beerdigung, wie sie Ascona nie zuvor erlebt hatte. Die nächsten Verwandten, vor allem ein Pope, der in Florenz lebte, sowie zwei Nichten, Konzertsängerinnen, fanden sich ein. Die Beerdigung wurde nach streng russischen Riten durchgeführt. Der Pope schritt, ein etwa 25 Zentimeter hohes Kreuz mit einer Oberfläche aus Gold

---

[201] Zit. nach Fäthke, S. 241
[202] Brief an Diego Hagmann, November 1937, zit. nach Fäthke, S. 243

haltend, dem Sarg voran. Ihm folgten der Diakon mit den beiden Nichten der Baronessa. Der Pope sprach die Gebete, und die Nichten antworteten darauf mit den liturgischen Gesängen. [...] So ging es durch das ganze Dorf, durch die kleinen Straßen und Gäßchen, die alle mit Blumen bestreut waren. Die Grabrede hielt der Pope auf russisch, deutsch und italienisch. Das ganze Dorf nahm an der Beerdigung teil, und alle, die die Werefkin gekannt hatten – und wer in Ascona hatte sie nicht gekannt? – weinten.«[203]

Marianne von Werefkin: »Ich liebe die Dinge, die nicht sind.«

[203] Curt Riess, *Ascona*, Zürich 1964, S. 140

Kapitel 7
Das zweite Exil

Nach Ascona kommen die Neugierigen und erwarten, Männer mit langen Bärten und Frauen in Büßerhemden anzutreffen, sie haben einmal etwas vom Monte Verità gehört, abenteuerliche Gerüchte, vielleicht den Namen jenes Belgiers Oedenkoven, der vor mehr als 30 Jahren dem Berg seinen Namen gab und – Vegetarier, Naturmensch, Weltverbesserer – in rätselhafter und immerhin achtunggebietender Ausdauer Enttäuschungen, Lächerlichkeit und Ausartungen über sich ergehen ließ«, schreibt Annemarie Schwarzenbach, Schriftstellerin und Weltreisende, 1932 im Reisebuch über die *Schweiz. Ost und Süd – Was nicht im Baedeker steht*. »Das Paradies war nicht lebensfähig, und Oedenkoven mußte – tragisches Schicksal – nach zwanzig Jahren sein Werk aufgeben und Ascona verlassen. [...] Erst der Freiherr von der Heydt hat aus dem Monte Verità ein gangbares, anspruchsvolles und von allen Absonderlichkeiten geheiltes Hotel gemacht. In Ascona wohnen unbekümmert immer noch Künstler, Philosophen und freie Geister. [...] Inzwischen hat sich Emil Ludwig bei Ascona ein Haus gebaut, Edmund Stinnes besitzt ein großes Gelände, Herr Dr. Emden die Inseln von Brissago, der frühere Boxer Herr Antognini, Großgrundbesitzer und Inhaber des Kasinos, machte aus diesem eine bevorzugte Vergnügungsstätte. [...] Aber der Park ist unverfälscht geblieben mit Sonnenbad, Walkürenfelsen und kleinen Häuschen, welche Frauennamen tragen, oder ›Solitude‹ und ›Château d'Amour‹ heißen.«[204]

Annemarie Schwarzenbach

[204] Annemarie Schwarzenbach, in: *Das Buch von der Schweiz, Ost und Süd*, Band XV, München 1932, S. 208ff.

Die Piazza von Ascona in den 1930er-Jahren

Das war 1932. Ein Jahr später hatte Hitler in Deutschland die Macht ergriffen, und ein großer Teil der Hitler-Gegner, der antifaschistischen und jüdischen Schriftsteller und Künstler floh sofort nach dem Reichstagsbrand aus Deutschland, und viele, die vorher schon im Tessin gewesen waren, kamen nun unter veränderten Bedingungen wieder, sofern sie eine Aufenthaltsgenehmigung bekommen konnten.

»Meister, ich harre und harre auf ein Wort«

Karl Wolfskehl (1869–1948), Münchner Dichter aus dem Stefan George-Kreis und der Kosmikerrunde, war auf der Flucht ins erste Exil nach Italien durch das Tessin gefahren, um seinen alten Freund und »Meister« George zu sehen, der schon seit 1931 in Minusio bei Locarno überwinterte und sich auf diese Weise den Annäherungsversuchen der Nazis entzog.

Wolfskehl bezieht ein Quartier nur wenige Kilometer von ihm entfernt, oberhalb von Locarno und schreibt an ihn:

Karl Wolfskehl an Stefan George[205]

Orselina sopra Locarno
Villa Grimm

2.5.33

Meister,
mir ist das Herz so voll und ich erfahre viel aber über allem und mitten in allem bleibt das Eine! Unverbrüchlich Meister bei Ihnen unterm Schicksal und der Flamme Trabant. Meister ging es an daß ich sie einmal sprechen könnte?

Seit vielen Wochen, schon seit den ersten Märztagen bin ich hier, hatte sofort einen schweren Unfall. Durch einen Treppensturz innere Verletzungen an Niere und Lunge, vier Wochen Bett, und noch halbflügg, aber wieder auf den Beinen, doch noch viele Schmerzen. In einigen Wochen hoff ich wieder beweglich zu sein.

Wär es möglich Sie zu sehen?
Ich bin immer bereit, immer desgleichen Gedenkens der Wahrzeichen immer in Treue
Ihr Karl

---

[205] Karl Wolfskehl, *Briefwechsel aus Italien 1933–1938*, hrsg. von Cornelia Blasberg, Hamburg 1993, S. 14

Karl Wolfskehl in der Schweiz 1936

Stefan George an Karl Wolfskehl[206]

[Minusio] 17.7.33

Lieber Karl:
ich danke Ihnen für die freundlichen worte Ihres letzten briefes und entnehme daraus mit schrecken die kunde von Ihrem unfall. zum glück berichten Sie aber gleichzeitig daß die heilung vonstatten geht: man sollte meinen daß heutigentags die geistigen schwierigkeiten zureichen – müssen da noch körperliche dazukommen? Ich nehme an, daß Sie jetzt keine besondere neigung haben jetzt hierher zurückzukehren. aber soweit heute feste pläne überhaupt gemacht werden können, möchte ich diesen sommer ins hohe gebirge .. bei dieser gelegenheit wird es vielleicht die möglichkeit einer begegnung geben. [...]
   Indem ich Ihnen weitere gute heilung wünsche, bleibe ich in freundlicher gesinnung
   Ihr S. G.
   (im auftr.)

Es wäre mir lieb wenn Sie den empfang des briefs bestätigten.

Stefan George in Minusio bei Locarno 1933

Karl Wolfskehl an Stefan George[207]

Orselina sopra Locarno
Villa Grimm

[24.IX.33]

Meister,
ich harre und harre auf ein Wort! Nicht das Warten beklemmt, sondern die Unruhe. Wie geht es Ihnen Meister, und gibt es eine Hoffnung auf ein Treffen? Ich bleibe noch hier. Der Arzt verlangt es. Mein

[206] A.a.O., S. 24
[207] A.a.O., S. 25

Zustand ist noch nicht wieder in Ordnung, doch bin ich beweglich und stets rufbereit.

Meister ich bin in Treue
Ihr Karl

Karl Wolfskehl an Stefan George[208]

Orselina sopra Locarno
Villa Grimm

20.X.[1933]

Meister,
mein Herz erzittert, ich bin in sehr großer innerer Not, warum darf ich nichts vernehmen, warum darf ich Sie nicht sehen? Ich mache Furchtbares durch und es wirft mich hin und her, aber Meister ich steh bei Ihnen ich hebe meine Hand und ich bitte Sie ...

Auch äußerlich ists nicht gut und ich bin vorm Erblinden.
Meister ich bitte Sie
Ich bin in Treue
Ihr Karl

Stefan George an Karl Wolfskehl[209]

Molino dell'orso Via del Sole

Minusio: 22.X.33

Lieber Karl:
Hier waltet wirklich ein verhängnis für das wir beide nichts können. Wir wohnen nun schon seit wochen in der nächsten nähe und alle nachrichten sind richtig eingegangen. nur mußte ich, kaum hier angelangt, mich zu bett legen mit einer sehr üblen blasenentzündung. Ich hoffte von tag zu tag daß das befinden sich so bessern würde daß ich Sie einmal rufen könnte. Von einer solchen merklichen besserung war bis jetzt nichts zu spüren. Ich muß Sie daher bitten noch etwas geduld zu haben .. eine unterhaltung könnte ich noch nicht führen. ich bitte also auf nachricht zu warten. Mit herzlichen erinnerungen
   im auftrag von d. M.

---

[208] A.a.O., S. 26
[209] A.a.O., S. 26f.

Karl Wolfskehl an Stefan George[210]

Orselina, 28.X.33

Meister,
ehe ich nun abfahre – nur der tiefe Wunsch in mir nach Ihrem Gesunden! Meinen Eilbrief haben Sie: Bitte wenden Sie alle empfohlenen Mittel an besonders die *Heilerde*. Auf die halte ich unendlich viel. Und noch weitre Bitten. Vor allem, lassen Sie mich rufen, sobald Sie mich sehen wollen, sehen können! Ich komme, wo ich auch sei. Dann: ein Wort bitte über Ihr Befinden! Meine nächste Adresse aber wohl erst in einer Woche ist Firenze, Pension Münchhausen Vicolo San Marco Vecchio 14. Vorher bin ich drei Tage in Rom, kann dort leider keine Adresse angeben.

Dann noch eins, Meister. Ich bleibe für die nächsten Monate noch in südlicherer Breite (Dies ist auf Wunsch und Rat meines Arztes D. Bodmer). Das Wo? ist noch nicht bestimmt und so wage ich die Frage und Bitte: ob Sie glauben daß nach der wie ich sehnlichst hoffe, bevorstehenden Genesung es Ihnen genehm wäre, wenn ich hier im Tessin bleibe und von Zeit zu Zeit zu Ihnen kommen dürfte. Alle andern Wünsche und Pläne treten dahinter zurück – sowohl der eigentliche Süden wie die Nord-Schweiz (Meilen oder Basel). Ich verstehe alles Meister – aber Sie verstehen auch wenn ich mich in dieser äußeren Frage zunächst und zuvörderst nach dem mir Innerlichsten richte.

Meister, ich bin in tiefster Seele und mit dem brennendsten Wunsche daß Sie bald von dem Gebrest wieder befreit sind
Ihr Karl

Karl Wolfskehl hat Stefan George nicht mehr lebend gesehen. Er starb am 4. Dezember 1933 in Minusio. Das, was Wolfskehl so flehentlich von ihm erhoffte, war eine klare Stellungnahme zum Nationalsozialismus und eine Solidaritätserklärung für die Juden oder vielleicht wenigstens einen Freundschaftbeweis für die jüdischen Mitglieder seines Kreises, die alle binnen kurzem Deutschland verlassen mussten. Aber George schwieg. Wolfskehl war nicht der Einzige, der auf ein klärendes Wort von George wartete, auch Klaus Mann schrieb im zweiten Heft seiner Exilzeitschrift *Die Sammlung* im Oktober 1933 einen langen Artikel über Stefan George mit dem Titel: »Das Schweigen Stefan Georges«. Darin heißt es: »Wir hoffen, dass sein Schweigen Abwehr bedeutet. Er wird sich nicht vermischen und verwechseln lassen. Hitler – und Stefan George: das sind zwei Welten, die niemals zueinander fließen können. Das sind zwei Arten Deutschland.«[211]

---

[210] A.a.O., S. 27
[211] Klaus Mann, in: *Die Sammlung*, hrsg. von Klaus Mann, Reprint, München 1986, S. 98ff.

Schon bei der Beerdigung, die in kleinstem Kreis begangen wurde, zeigten sich tiefe Gräben zwischen den nazifreundlichen und -feindlichen Jüngern. Die Reichsregierung ließ einen großen Lorbeerkranz schicken, um den es sofort Streit gab. Er hatte »ein schwarzweißrotes Band und ein rotes mit schwarzem Hakenkreuz auf weißem Grund; Clotilde Schlayer legte Rosen darauf, die Frank Mehnert wieder wegräumte. Kurz danach wurde das weiße Rund mit dem Hakenkreuz entfernt; Frank Mehnert und Karl Josef Partsch kauften weißes Leinen und schwarzes Band und wollten von der Köchin Georges Ersatz schneidern lassen, die weigerte sich, sie nähten selbst und brachten das Ergebnis an dem roten Kranzband an.«[212]

Unter den Trauergästen waren neben Hanna und Karl Wolfskehl auch Berthold, Claus und Alexander von Stauffenberg.

»Die Verscheuchte«

An Klaus Mann schickt Else Lasker-Schüler nach ihrer Emigration (April 1933) in die Schweiz verschiedene Briefe, die sich auf Veröffentlichungen in der *Sammlung* beziehen. Auch für sie ist die Exilzeitschrift ein wichtiges Forum, wenn auch nicht das einzige, in dem sie veröffentlichen kann. Eine Postkarte vom 8. Februar 34 an Klaus Mann bezieht sich auf ein Gedicht, das ursprünglich »Das Lied der Emigrantin« heißen sollte.[213]

Das Café Verbano in der Hauptstraße von Ascona, Treffpunkt aller Zugereisten und Emigranten.

[212] Peter Hoffmann, zit. nach Thomas Karlauf, *Stefan George*, München 2007, S. 635
[213] Vgl. Sigrid Bauschinger, *Else Lasker-Schüler*, Göttingen 2004, S. 362

Else Lasker-Schüler an Klaus Mann aus Zürich 29. November 1933

Else Lasker-Schüler an Klaus Mann[214]

8.II.34

Lieber
Klaus Mann.
Ich möchte das Gedicht: *Die Verscheuchte*. nennen. Ja?
Und wie ich schrieb die letzte Reihe / letzter Vers weg.
Ich bin nicht ehrenbeleidigt wenn Sie es *nicht* bringen.
    Ich grüsse Sie lieber mutiger Dichter – Sie, das Meer und den Sand.
    Ihre Else Lasker-Schüler

Else Lasker-Schüler

Klaus Mann veröffentlichte das Gedicht gleich darauf im 7. Heft der *Sammlung* im März 1934.

Die Verscheuchte

Es ist der Tag in Nebel völlig eingehüllt,
Entseelt begegnen alle Welten sich –
Kaum hingezeichnet wie auf einem Schattenbild.

Wie lange war kein Herz zu meinem mild …
Die Welt erkaltete, der Mensch verblich,
– Komm, bete mit mir – denn Gott tröstet mich.

Wo weilt der Odem, der aus meinem Leben wich? –
Ich streife heimatlos zusammen mit dem Wild
Durch bleiche Zeiten träumend – ja, ich liebte dich.

---

[214] Else Lasker-Schüler, Postkarte 8. Februar 1934 an Klaus Mann, Monacensia, Nachlass Klaus Mann

> Wo soll ich hin, wenn kalt der Nordsturm brüllt –?
> – Die scheuen Tiere aus der Landschaft wagen sich –
> Und ich – vor deine Tür, ein Bündel Wegerich.
>
> Bald haben Tränen alle Himmel weggespült,
> An deren Kelchen Dichter ihren Durst gestillt,
> Auch du und ich.
>
> Und deine Lippe, die der meinen glich,
> Ist wie ein Pfeil nun blind auf mich gezielt –.[215]

Die existenzielle Frage aller Exilanten ›Wo soll ich hin?‹ stellte sich auch für Else Lasker Schüler nach einigen Monaten in Zürich, als die Aufenthaltsbestimmungen sich verschärften und verboten, dass man sich länger als neun Monate an einem Ort aufhielt. Eigentlich war ihr Zürich sehr vertraut und fast heimatlich, aber unter den herrschenden Bedingungen – der sehr eingeschränkten Veröffentlichungsmöglichkeit, dem ewigen Geldmangel, schlechten Unterkünften, ihrem erschöpften Körper und der Sorge um die Freunde in Deutschland – litt sie sehr unter dem erzwungenen Exil. Das erste Mal fuhr sie im Sommer 1933 wieder nach Locarno, hatte auch sporadische Kontakte mit Paolo Pedrazzini, dem »Dogen« von einst, und mehrere Auftritte im Teatro San Materno, dem Tanztheater der Charlotte Bara, deren Mutter Elvira Bachrach eine Schulfreundin von Else Lasker-Schüler gewesen war.[216]

Von Zürich aus trat sie eine zweimonatige Reise über Alexandria nach Palästina an, mit zusammengebetteltem Geld. Das war ein kurzer Ausblick in die andere Welt, die schließlich zu ihrer letzten Lebensstation wurde. »Das Hebräerland« heißt das Buch, das sich auf diese Reise bezieht; an ihm arbeitet sie in den folgenden Jahren. 1935 musste sie wieder Zürich verlassen und ging nach Ascona wo sie sich wie im »Exil im Exil«[217] fühlte. Sie ist nun 66 Jahre alt, es geht ihr gesundheitlich und materiell schlecht, sie fühlt sich ans Ende der Welt verbannt. »Was liegt den Menschen daran, ob ich eine Dichterin bin?«[218] Ihre Briefe aus dieser Zeit sind fast immer Klagen und Bitten um Geld, das sie dringend zum Überleben braucht.

---

[215] Else Lasker-Schüler, in: *Die Sammlung*, Heft 7, 1934
[216] Vgl. Sigrid Bauschinger, *Else Lasker-Schüler*, S. 358
[217] Sigid Bauschinger, Exil im Exil, in: *Festschrift für Konrad Feilchenfeldt*, hrsg. von Claudia Christophersen und Ursula Hudson-Wiedemann, Würzburg 2004, S. 397
[218] Else Lasker-Schüler an Sylvain Guggenheim, in: *Lieber gestreifter Tiger. Briefe von Else Lasker-Schüler*, hrsg. von Margarete Kupper, München 1969

Else Lasker Schüler an Sylvain Guggenheim[219]

30. September 35.

Postfach 49
Hauptpost Ascona.

Sehr liebverehrtester Herr Sylvain Guggenheim.
Man ist ja nicht allein ein Emigrant wenn man ein Emigrant ist. Daran setzt sich alle Schmach und Verlassenheit und alles Elend. Ich schreibe mit Schmerz wieder, sage ich ganz schlicht. Mein Buch fertig, fertig, 200 Seiten mit Bilder, die ich hier Herrn *Professor Glaser* [...] zeigte. Er kannte mich nur dem Namen nach; fragen Sie ihn Selbst, wie er die Bilder findet. Ich hoffe man kauft sie in Jerusalem für die Bibliothek wenn ich mit Buch komme und es ist mir gelungen. Nun konnte kein Mensch begreifen, dass ein Buch so zu sagen zuguterletzt in eine Goldwerkstatt muss. Jedes Wort habe ich vergoldet und bin nun selbst – zufrieden. Ich habe kaum den Lago gesehen, habe gearbeitet bei der Grippe und liess mir selbst keine Ruh. [...] Lieber verehrter Sylvain Guggenheim, bitte schenkt mir noch einmal hundert Frc, da Neujahr war. Ich muss immer für meinen Kopf hier monatlich etwa 5–6 Frc bezahlen. Jeden Ctm. wieg ich ab. Dass erfüllt mich oft mit Bitterkeit, seh ich hier *nichtswerte* und *nichtstuende* in ihren Autos, Leute spazieren fahren den ganzen Tag. Niemand denkt an uns. Ich bin nun auch noch so herunter. Ich bitte Sie vor allem zu glauben, mir ist es *schrecklich* um Geld zu schreiben, lasse ich mir doch nicht, wie auch früher nie, eine tasse café bezahlen! Ich bin Ihnen *immer* dankerfüllt – ich kann nur sagen, ich tat was ich konnte. Wirklich!

Immer Ihre
Else Lasker-Schüler

Offenbar reagierte der Briefempfänger prompt auf den Hilferuf, denn schon vier Tage später schreibt sie ihm wieder:

Else Lasker Schüler an Sylvain Guggenheim[220]

4. Okt. 35
Postfach 49
Hauptpost
Ascona

[219] Else Lasker-Schüler, a. a. O., S. 267f.
[220] A. a. O., S. 268

Unendlichen   Ihre
unendlichen   Dichterin
unendlichen   Else Lasker-Schüler
unendlichen
unendlichen
Dank!   Allerallerbester
                  verehrter nobler
                  Herr Silvain Guggenheim

Else Lasker-Schüler wohnte in Ascona in der Hauptstraße Via Borgo neben der Post und gegenüber vom Café Verbano, das damals und bis in die sechziger Jahre hinein der Haupttreffpunkt aller Emigranten und Zugereisten war. Dorthin rettete sie sich, wenn ihr Zimmer im Winter eiskalt wurde, und von dort gibt es auch alle möglichen Anekdoten, die mit der Lasker-Schüler zu tun haben. »Ascona wäre wohl nichts für sie gewesen, hätte es dort nicht das Café ›Verbano‹ gegeben. Sie war seit den früheren Emigrationsjahren älter geworden, sie sah noch etwas häßlicher aus als früher, aber sie war auch amüsanter und schrulliger denn je zuvor. Dann geschah etwas Schreckliches. Sie wurde sechzig. Zumindest stand es so in den Schweizer Zeitungen, und sie konnte sich nicht einmal beklagen, denn sie hatte immer behauptet, 1876 geboren zu sein. In Wirklichkeit war sie 1869 zur Welt gekommen, also marschierte sie schon auf die Siebzig zu. Aber jetzt wollte sie nicht einmal sechzig sein. Als man ihr gratulierte, bekam sie Tobsuchtsanfälle. Das ›Verbano‹ betretend, schrie sie in den Raum: ›Nur nicht mir gratulieren zu einem sechzigsten Geburtstag, das ist ja gar nicht wahr!‹«[221] Laut ihrem gefälschten Pass war sie überhaupt erst 45!

In diesen Jahren waren viele Emigranten in Ascona; Mirjam Josephson, die als junges Mädchen mit ihren Eltern dort lebte, berichtet von den verschiedenen Kreisen, die sich überschnitten oder auch gar keinen Kontakt miteinander hatten, aber alle kannten sich. »Das gemeinsame Schicksal von Vertreibung und bedrohtem Asyl hob selbst hier die gesellschaftlichen Schranken kaum auf ... [...] Zu den politischen kamen die wirtschaftlichen Schwierigkeiten: es herrschte striktes Arbeitsverbot für Emigranten, so daß keiner von ihnen legal etwas verdienen konnte. [...] Doch einigen der Emigranten gelang es trotzdem, zu kleinen Einnahmen zu kommen, und die Asconeser Polizei [...] schaute weg, wenn sie etwas hätte sehen müssen. So ließ ein Asconeser Polizist einer Frau, die bei einem Schriftstel-

---

[221] Curt Riess, *Ascona*, Zürich 1977, S. 131

ler Schreibarbeiten erledigte, durch gemeinsame Bekannte ausrichten, wenn sie schon einer verbotenen Beschäftigung nachgehe, so solle sie doch wenigstens nicht mit ihrer Schreibmaschine am Polizeiposten vorbeigehen. [...]
Eine Zeitlang lebte auch Else Lasker-Schüler im Ort, immer mit roten, grünen oder weißen Lederjacken angetan, die ihre scharf geschnittenen Züge noch markanter erscheinen ließen. Sie wirkte meist sehr erregt und erzählte häufig wirre Dinge, die vielen unverständlich blieben.«[222]

Die meisten deutschen Schriftsteller, die nach 1933 in Locarno oder Ascona waren, kamen nur für kurze Zeit zu Besuch oder auf der Durchreise in ein anderes Land vorbei. So zum Beispiel Ernst Toller, der schon einmal 1924 nach der Verbüßung seiner fünfjährigen Strafe in Niederschönenfeld zur Erholung ins Tessin gekommen war, wie Jakob Flach erzählt:

»Ernst Toller kam etwas zerrüttet und zerzaust aus der Festungshaft, wo man ihn für seinen unzeitgemäßen Freiheitskampf hatte büßen lassen. (...) Er schrieb hier sein Schwalbenbuch ins reine, das in der Zelle entstanden war, und wollte dazu allein sein, unkontrolliert und ohne Menschen; ich richtete ihm ein Haus ein, zimmerte ihm einen Schreibtisch, ein Bücherregal, lehrte ihn Tee kochen und Spiegeleier backen – aber er hielt es nicht aus zwischen Mauern, die Fenster beobachteten ihn, die geschlossenen Tür bedrohte ihn, er stürzte ins Freie; seine Gier zur Ungebundenheit nach dem beklemmenden Gefangensein trieb ihn so weit, daß er alle Kleider von sich warf und als intellektueller Buschneger durch den Wald eilte, daß er trotz Ameisen und Angst vor Schlangen unter den Lärchen hinter meinem Haus nächtigte. (...) Er hielt es nirgends lang aus; trotz der Anerkennung, die seine Werke fanden, trotz der Gewalt, die seine Dramen auf die Jugend ausstrahlten, wurde er weitergetrieben von außen und von innen und endete tragisch in Amerika.«[223]

Ernst Toller, René Schickele, Bruno Frank, Leonhard Frank – sie alle machen in der ersten Zeit ihres Exils Station in Ascona und sind in diesen Jahren auch in Sanary-sur-mer an der Côte d'Azur, »der Hauptstadt der deutschen Literatur« im Exil oder spätestens in Marseille anzutreffen, bevor sie auf gefährlichen Wegen Europa auf der Flucht vor den Nazis verlassen konnten.[224]

Emil Ludwig hatte die Schweizer Staatsbürgerschaft seit 1932, Erich Maria Remarque lebte seit 1931 in Ascona. Beide waren für ihre rauschenden Feste berühmt; nach Kriegsausbruch fühlten sie sich nicht mehr sicher an der italienischen Grenze und emigrierten in die USA.

---

[222] Mirjam Josephson, Ascona in Zeiten der Emigration, in: *Festschrift für Konrad Feilchenfeldt*, S. 407ff.
[223] Jakob Flach, *Ascona*, S.48
[224] Vgl. Ulrike Voswinckel, Frank Berninger (Hrsg.), *Exil am Mittelmeer. Deutsche Schriftsteller in Südfrankreich von 1933–1941*, München 2005

Die Einsamkeit Else Lasker-Schülers spiegelt sich in allen Gedichten, die in Ascona entstanden sind, und dazu gehört auch eines ihrer bekanntesten: »Mein blaues Klavier«, nach dem der Gedichtband heißt, der in einer limitierten Ausgabe von 330 Kopien 1943, zwei Jahre vor ihrem Tod, in Jerusalem erschienen ist. Die Widmung darin ist ein trauriger Zuruf über alle Meere hinweg:

> Meinen unvergeßlichen Freunden und Freundinnen
> in den Städten Deutschlands – und denen,
> die wie ich vertrieben und nun
> zerstreut in der Welt,
> In Treue![225]

MEIN BLAUES KLAVIER

Ich habe zu Hause ein blaues Klavier
Und kenne doch keine Note.

Es steht im Dunkel der Kellertür,
Seitdem die Welt verrohte.

Es spielen Sternenhände vier
– Die Mondfrau sang im Boote –
Nun tanzen die Ratten im Geklirr.

Zerbrochen ist die Klaviatür
Ich beweine die blaue Tote.

Ach liebe Engel öffnet mir
– Ich aß vom bitteren Brote –
Mir lebend die Himmelstür,
Auch wider dem Verbote.[226]

Die »Pfeffermühle« bei Eranos

Erika Manns Cabaret »Die Pfeffermühle« kam auf seiner zweiten Tournee durch die Schweiz 1934 nach Ascona in das Teatro San Materno. Das Datum war offenbar so gewählt, dass die Teilnehmer der Eranos-Tagung aus dem nahen Moscia dabei sein konnten. Es war erst die zweite Tagung, die bis heute immer noch im

---

[225] Else Lasker-Schüler, *Mein blaues Klavier*, Jerusalem 1943, S. 5
[226] A.a.O., S. 15

August dort stattfindet[227], und sie ist schon von Beginn an ein bedeutendes geisteswissenschaftliches Forum gewesen – ein ganzes Kapitel für sich.

Erika Mann (1905–1969) belustigt sich über die »Psychos« – eine Anspielung auf C. G. Jung, der den Charakter der ersten Zusammentreffen sehr bestimmte. Ein anderes Gebiet war die Religionswissenschaft und Mythenforschung, für die zum Beispiel Mircea Eliade und Karl Kerényi standen, oder auch der Orientalist Heinrich Zimmer, der mit Hofmannsthals Tochter Christiane verheiratet war.

Erika Mann schreibt nach Zürich an ihre Mutter Katia über die Vorstellungen, an denen Therese Giehse und manchmal auch Walter Mehring beteiligt waren:

Erika Mann an Katia Mann[228]

Ascona, am 27. August 1934

Oh, Frau Süssengut, – hab Dank. (..)
Heute ist unsere zweite Premiere. Bisher war alles in, wie man uns staunend versichert, für hier völlig unwahrscheinlicher Weise ausverkauft. Keiner will etwas derart je in Ascona erlebt haben. Und bei dem Vortrag im Rahmen der »Eranostagungen« dem ich beiwohnte (erst Zimmer, recht klug, sehr blumig, ungeheuer eitel, – dann Buber, viel sympathischer schön leidenschaftlich und logisch, – ausnahmsweise entschied ich mich in meinem Herzen für den Juden), – bei Frau Fröbe also (sie sagte, da ich sie eben kennenlernte, – ihr gerieten bei Vorträgen, in die das Indische hineinspielte, immer gleich alle Atome durcheinander), – dort, in der anspruchsvollen Spinn-Villa, sprach man sich in der Pause so allgemein und stürmisch über unsere alte Mühle aus, dass die amtierenden Professoren ganz beleidigt und benachteiligt waren. Nur Holitscher hat es nicht gefallen, sowas verwestes an einem Säugling.

Dem Vater Dank für seinen Brief. Ist denn der an die Times nicht weg? Oder wieso ist der Bruch mit Fischer wieder so ins Nebelhafte gerückt? –

Ich bin, innerhalb des San-Materno-Betriebes, in ein anderes Haus gezogen, – hier ist es freier und schöner, mit Badezimmer und Küchlein, so dass ich viel Phantasei-gepansche koche. [...]

Morgen fangen die Proben fürs neue Programm an, es steht aber immer noch nicht fest, ob es in Basel, oder in Zürich zuerst exekutiert werden soll. Adieu – (..)
Die Deine E

---

[227] Die Eranos-Tagung im August 2009 steht unter dem Titel »Himmelsreisen«; siehe auch die Eranos-Jahrbücher.
[228] Erika Mann, Briefe, Monacensia, Nachlass Erika Mann

Erika Mann an Katia Mann[229]

[Ascona] am 7. September [1934]

Frau Obersüss, Frau Mötzlich, – zarte, zarte Frau Tschutschu, – es ist helle Narretei, dass ich schon mit der Anrede so viel Zeit und Papier verschleudere, – denn nun hört der Brief auch gleich wieder auf. [...]

Die vielen Besuche sollte man nicht empfangen müssen. Ich zum Beispiel habe mich hier unten wieder in so tollem Grade antigesellschaftlich abseits gehalten, dass ich noch ganz in Sonderlingsgeruch kommen werde. Keinen Remarque, keinen Ludwig gesehen, mit keiner Reventlow gescherzt, – Herrn von Emdens Einladung auf seine Insel abgelehnt, – nichts, nichts, – [...] Hier war es, bis auf eine geradezu rätselhaft leere Aufführung, die nur komisch genommen werden konnte, sehr prächtig. Die letzte war wieder gross besucht und vom Friedenskongress gleichgesinnt bevölkert und gehoben.

Olga Fröbe-Kapteyn, Begründerin der Eranos-Tagungen

Olga Fröbe-Kapteyn (1881–1962), die Erika Mann bei ihrem Besuch in der »Casa Gabriella«, der »Spinn-Villa«, kennengelernt hat, war die Gründerin der Eranos-Bewegung, und ein kurzer Blick auf ihre Vorgeschichte schlägt wieder eine unerwartete Brücke von Schwabing zum Monte Verità.

»Sie stand den Theosophen um Annie Besant und dem Inder Krishnamurti nahe und hatte eine freundschaftliche Beziehung zu Ludwig Derleth, der ein George-Jünger der ersten Generation war und Papst werden wollte. Er endete aber nicht auf dem Stuhle St. Peters, sondern starb in San Pietro di Stabio im Tessin, einer der vielen Merkwürdigen, an denen dieser Kanton reicher zu sein scheint als an normalen Mitbürgern. Im August 1924 nahm Frau Fröbe an einem freien Lehrkurs über Lao-Tse teil, der von Martin Buber auf dem Monte Verità gehalten wurde. [...] 1930 lernte sie C. G. Jung kennen. Diese Bekanntschaft wurde die

[229] A.a.O.

wahrscheinlich wichtigste in ihrem Leben, die zur Verwirklichung von Eranos half und es – besonders in seiner frühen Phase – stark bestimmte.«[230]

Hier kommen eine ganze Reihe von Themen des Monte Verità wieder zusammen, wenn man noch hinzufügt, dass Olga Fröbe-Kapteyns Mutter sich für die Frauen- und Lebensreformbewegung eingesetzt hatte – nur dass Olga Fröbe keine Reformkleidung trug, ganz im Gegenteil, sie sieht auf den Fotos sehr elegant in eher indischen Gewändern aus. Und sie hatte keine Abneigung gegen intellektuelle Hochleistungen. Ludwig Derleth (1870–1948), selbsterklärter Prophet, Dichter des »Fränkischen Korans« und wegen seines kämpferischen Urchristentums als Jesus Bonaparte in Schwabing verspottet, lebte von 1935 bis zu seinem Tod 1948 im Tessin. Offenbar hatte Olga Fröbe-Kapteyn ihn noch zu Münchner Zeiten kennengelernt und in seiner Dachwohnung am Marienplatz aufgesucht. Ludwig Derleths Frau Christine entwirft in ihrem Erinnerungsbuch mit dem Titel »Das Fleischlich-Geistige« ein Bild von Olga Fröbe-Kapteyn, das auf den ersten Blick gar nichts mit dem Monte Verità zu tun hat; unter dem suggestiven Einfluss von Derleth scheint sie aber eine Wandlung durchgemacht zu haben. (Nebenbei sei darauf hingewiesen, dass auch Regina Ullmann zeitweilig eine starke Beziehung zu Derleth hatte und auch später noch mit Christine und ihm im Tessin korrespondierte.) Christine Derleth schreibt über Olga Fröbe-Kapteyn:

»Als Olga Ludwig Derleth kennenlernte, war sie eine ausgezeichnete Kunstreiterin gewesen, hatte sie zu den Ersten gehört, die den Aufstieg auf den Montblanc unternahmen, aber die Gedanken, die Ludwigs Haupt erfüllten, waren ihr neu. Mit funkelnden Augen saß sie am Marienplatz Ludwig gegenüber und nahm die Fülle von mythologischen Vorstellungen, die dort das Gesprächsthema bildeten, auf. Sie weiteten ihr Innenleben und wandelten Olga um zu dem, was sie ein Jahrzehnt später werden sollte: Die Gründerin von ›Eranos‹, wo erst sie allein wirkte, dann aber zusammen mit C. G. Jung das Seminar für Tiefenpsychologie allsommerlich stattfinden ließ, eine Bewegung, an der viele Psychologen, Ärzte, Mythologen, Theologen, Naturwissenschaftler teilnahmen. [...] Viele Jahre später, am 24.7.1937, schrieb Olga an Ludwig: ›Zu den zeitlos schönen Dingen meines Lebens gehört die Begegnung mit Ihnen. Ich habe nichts vergessen. In dem reichen Leben von heute liegt jenes Erlebnis wie eine verborgene Kostbarkeit, ein Rosengarten des Blutes.‹«[231]

---

[230] Sybille Rosenbaum-Kroeber, Was ist Eranos und wer war Olga Fröbe-Kapteyn? In: Harald Szeemann (Hrsg.), *Monte Verità. Berg der Wahrheit*, Milano 1978, S. 117

[231] Christine Derleth, *Das Fleischlich-Geistige. Meine Erinnerungen an Ludwig Derleth*, Bellnhausen über Gladenbach 1973

Olga Fröbe-Kapteyns ursprüngliches Thema war die Vermittlung zwischen östlicher und westlicher Philosophie; dass diese Idee sozusagen aus der Verbindung zweier spiritueller Kraftfelder, des Urchristentums von Derleth in München und des östlichen Denkens von Lao-Tse, vermittelt durch Martin Buber auf dem Monte Verità, ihren Anfang genommen hat, ist geradezu ein Symbol für die fortbestehende komplexe Verflechtung von Schwabing und Monte Verità.

Erika Mann allerdings hatte mit esoterischen Ideen nicht viel am Hut. Aber dass ihre »Pfeffermühle« auch dort Erfolg hatte, gefiel ihr.

»Erdrosselt wie ein räudiger Hund«

Bei den Aufführungen der »Pfeffermühle« in Ascona nahm Erika Mann das Revoluzzerlied von Erich Mühsam ins Programm zur Erinnerung an seine grausame Ermordung im vorangegangenen Monat am 10. Juli 1934 im Konzentrationslager Oranienburg.

Emmy Hennings hatte versucht, als sie von seiner Festnahme noch in der Nacht des Reichstagsbrandes erfuhr, verschiedene Menschen zu seiner Rettung zu mobilisieren und sich dann sogar auf die gefährliche Reise nach Nazi-Deutschland begeben, um ihn im KZ Oranienburg zu sehen.

Auch Margarethe Hardegger erfährt in der Schweiz gleich von Mühsams Verhaftung und von der Not seiner Frau Zenzl, die alles in Bewegung setzt, um seine Freilassung zu erreichen. Sie hat gesehen, wie er misshandelt, gequält und erniedrigt worden ist und das auch aufgeschrieben; nach seinem Tod hat sie noch die Freigabe seines Leichnams erreicht, aber am Vorabend seiner Beerdigung erfuhr sie von ihrer bevorstehenden Verhaftung und floh nach Prag. Von dort erreichen auch Margarethe Hardegger im Tessin ihre Briefe, in denen Zenzl Mühsam von Elend und der Sorge um die Werke Erich Mühsams schreibt. Margarethe Hardegger, die selber immer noch in bescheidensten Verhältnissen lebt, bricht sofort nach Prag auf, um Zenzl Mühsam beizustehen.[232] Sie rät ihr, nach Moskau zu fahren, um den Nachlass von Mühsam dort in Sicherheit zu bringen; nachdem das Maxim-Gorki Institut ihn ihr praktisch abgepresst hat, wird sie verhaftet und bleibt fast zwanzig Jahre in russischen Gulags verschwunden.

Margarethe Hardegger gründet gleich nach Zenzl Mühsams Inhaftierung in Moskau eine Tessiner Sektion der »Internationalen Frauenliga für Frieden und Freiheit«, die sie auf dem nächsten Kongress zum Engagement für die Freilassung Zenzl Mühsams auffordert, was letzten Endes nichts bewirkt.[233]

Das ist nur eine der vielfältigen Aktionen, die Margarethe Hardegger nun für die Flüchtlinge, vor allem aus Deutschland, unternimmt. Sie ist hilfreich bei der Abfassung von schriftlichen Gesuchen zur Einreisebewilligung, die vor allem für jüdische Emigranten von der Schweizer Regierung immer mehr erschwert

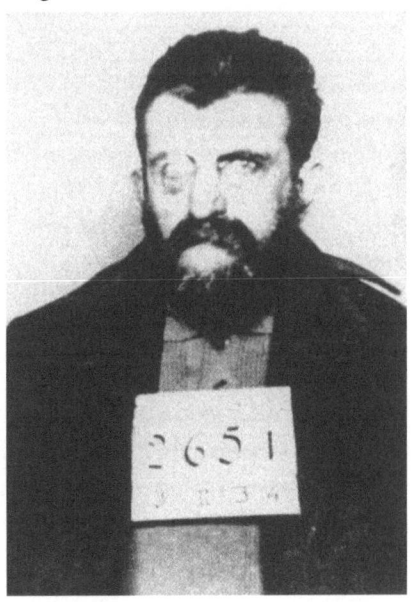

Erika Mann im Kostüm für ihr Kabarett-Programm

Erich Mühsam 1934, fünf Monate vor seiner Ermordung

[232] Vgl. Regula Bochsler, *Ich folgte meinem Stern*, S. 376ff.
[233] A.a.O., S. 382

wird, sammelt Geld und bringt Emigranten bei sich im Villino Graziella unter. Und sie wendet sich an einflussreiche Mitstreiter, wie zum Beispiel Hubertus Prinz zu Löwenstein (1900–1984), selbst auch Emigrant, der mit seiner *American Guild for German Cultural Freedom* in Not geratene deutsche Schriftsteller im Exil unterstützt.[234] Margarethe Hardegger lädt ihn zu einem Vortrag nach Locarno ein, und nun entsteht wieder eine Verbindung, wie sie nur im Umkreis von Ascona denkbar ist: Seit Jahren ist auch Margarethe Hardegger Mitglied des OTO, der immer noch eine Loge der »Verita Mistica« in Locarno unterhält, lange nach dem Verschwinden von Theodor Reuss; da sich offenbar Prinz und Prinzessin zu Löwenstein interessiert zeigen, macht Margarethe Hardegger sie mit dem ›geistigen Oberhaupt‹ des Ordens, Alice Sprengel, bekannt, die für ihre Horoskope überall geschätzt wird. Löwensteins lassen sich von ihr astrologisch beraten. Nach kurzer Zeit sagen die Sterne, dass Löwensteins sich in Locarno ansiedeln sollten, und eine würdige Wohnstatt wird auch gefunden: Das Haus, in dem Stefan George gewohnt hat und gestorben ist. Dort ziehen nun für ein paar Monate Prinz und Prinzessin zu Löwenstein mit ihrem Sekretär Volkmar von Zühlsdorff ein.[235] Dieses Haus mag auch ein starker Anreiz für Prinz zu Löwenstein gewesen sein: er war ein großer Verehrer Stefan Georges und seiner Dichtung und hat sich wiederholt entsetzt darüber geäußert, dass die Nationalsozialisten ihn für ihre Ziele reklamierten. »Sein Werk und seine Kündung eines Kommenden Reiches sollte den Schändern deutscher Ehre als Deckmantel dienen, sein Urteil über das, was faul war und verderbt im Deutschland der Weimarer Epoche, sollte die legitimieren, die vom Sinne unseres Volkes noch tausendmal weiter entfernt sind. Er, der nie am Tageskampfe teilgenommen hatte, wurde zur marktschreierischen Reklame verwandt.«[236]

Löwensteins *American Guild for German Cultural Freedom*, in die Margarethe Hardegger in den folgenden Jahren ihre ganze Energie steckt, unterstützt auch Walter Mehring (1896–1981) während seines Exils und seiner Flucht vor den Nazis durch Frankreich; im Exilprogramm der »Pfeffermühle« wurde sein »Emigrantenchoral« aufgeführt, dessen erste Strophe heißt:

Werft
Eure Herzen über alle Grenzen
Und wo ein Blick grüßt, werft die Anker aus!
Zählt auf der Wandrung nicht nach Monden,
Wintern, Lenzen –

---

[234] Siehe auch Ulrike Voswinckel, Frank Berninger, *Exil am Mittelmeer*
[235] Siehe dazu Regula Bochsler, *Ich folgte meinem Stern*, S. 386ff.
[236] Hubertus Prinz zu Löwenstein, in: *Das Reich*, Nr.1, 6.12.1934

Starb eine Welt – ihr sollt sie nicht bekränzen!
Schärft
das Euch ein und sagt: Wir sind zu Haus!
Baut Euch ein Nest!
Vergeßt – vergeßt
    Was man Euch aberkannt und Euch gestohl'n!
    Kommt Ihr von Isar, Spree und Waterkant
    Was gibt's da heut zu hol'n?
    Die ganze Heimat
    Und das bißchen Vaterland
    Die trägt der Emigrant
    Von Mensch zu Mensch – von Ort zu Ort
    An seinen Sohl'n, in seinem Sacktuch mit sich fort.[237]

Walter Mehring kehrte nach seinem Exil in den USA, die er unter lebensbedrohenden Umständen schließlich erreicht hatte,[238] in den fünfziger Jahren wieder nach Europa zurück und lebte lange Zeit verarmt und weitgehend vergessen im Tessin, in Locarno – ebenso wie viele andere Emigranten, die nicht nach Deutschland zurückkehren wollten.

Gusto Gräser: »Nennt mich Narr nur oder Tor, ihr gemachten Macher«[239]

Gusto Gräser, der Wanderprophet

Gusto Gräser war der einzige der Gründer vom Monte Verità, der – nach seiner Ausweisung aus der Schweiz 1919 – die meiste Zeit seines Lebens in Deutschland war und sein Leben radikal so gelebt hat, wie er es am Monte Verità begonnen hatte – als Vagabund, als Wanderprediger, als »barfüßiger Prophet«; mal mit dem Planwagen und Pferd, mal mit einem Esel unterwegs, in freier Natur hausend oder in Dachkammern von Freunden. Ab 1942 blieb er in München, war im Café Klein Bukarest anzutreffen oder in der Staatsbibliothek, wo er

---

[237] Walter Mehring, Emigrantenchoral, zit. nach Helga Keiser-Hayne, *Erika Mann und ihr politisches Kabarett »Die Pfeffermühle« 1933–1937*, Reinbek bei Hamburg 1995, S. 119
[238] Vgl. Voswinckel, Berninger, *Exil am Mittelmeer*
[239] Gusto Gräser, zit. nach Ulrich Holbein, *Narratorium. 255 Lebensbilder*, Zürich 2008, S. 350

Im Englischen Garten mit seiner Enkelin

an seinen Schriften und Sprüchen arbeitete, die er im Englischen Garten oder in den Kneipen verteilte; manchmal ließ er sie auch vom Rathausturm herabflattern. 1950 erschien im *Münchner Merkur* ein Artikel von René Prévot, der von einem überraschenden Zusammentreffen mit dem alten Gusto Gräser erzählt:

»Ich heiße Gräser, aber sagen Sie Gras!«
Begegnungen mit dem »Kohlrabiapostel« – Rohkost und verschiedenfarbige Gedichte

»Er sitzt mir plötzlich in der Linie 6 gegenüber. Nicht daß ich ihn, sondern daß er mich sofort wiedererkennt, ist erstaunlich. Ich habe mich in vier Jahrzehnten immerhin verändert. Er nicht. Mir scheint: seit Urzeiten nicht. Zwar ist sein schöner Prophetenbart grau und sein Haar noch länger unter dem bunten Stirnband. Aber das Urgewand, das er trägt, ist das gleiche wie vor 45 Jahren, als ich ihn kennenlernte: ein über der Brust gekreuzter weitärmeliger Kittel mit Gürtelstrick und eine Sackhose mit weitem Gesäß, um die Beine enggewickelt, wie man sie auf dem Balkan trägt. Und umgehängt das geräumige Netz, in dem er seine vegetarische Rohkost herumträgt. Früher befanden sich noch die blauen, roten, grünen und gelben Papierrollen darin, auf die er in großer Blockschrift seine Gedichte schrieb.
Diese Gedichte brachten uns einst zusammen. Ich saß damals als Jüngster in der Redaktion der »Jugend«. Eines Morgens stand dieser ungewöhnliche Besucher vor meinem Schreibtisch, auf den er die fünf buntfarbigen Papyrusrollen legte: »Ich heiße Gräser«, sagte er »aber sagen Sie Gras. Ich bin ein Individualist. Hier sind meine Dichtungen nach Themen gefärbt: rot die Liebe, grün die Natur, blau der Traum, gelb die Spießer, die mich beneiden.« Die »Jugend« druckte einige gelbe Proben ab, und wir halfen dem sympathischen Sonderling mit dem wohlklingenden tiefen Bariton seine Propaganda-Vorträge füllen, die er bald hier, bald dort hielt, um die Masse der Stadtmenschen durch sein Beispiel zum Naturleben zu bekehren. Er selbst lebte – aus Propagandagründen! – nicht ganz das Leben, das er predigte. Allnächtlich saß er im Tabaksqualm und der drangvollen Enge des »Simpl« und trug öfters ein rotes, grünes oder gelbes Gedicht vor. Die Schwabingerinnen, vor allem aber die Kommerzienratstöchter mit den Salome-Allüren, die damals in Mode kamen,

Gusto Gräser in den Trümmern von München

Eines von Gusto Gräsers Traktaten

fraßen ihn mit den Augen: »Jochanaan, ich bin verliebt in deinen Bart!« Es war der schönste Bart im damals noch bärtigen Schwabing.
Wie, wofür und wovon er lebte, danach fragte niemand. Das war im damaligen Schwabing kein Problem. Man »lebte mit«! Unser Freund Jochanaan war abwechselnd Schlafgast bei jedem von uns. Doch eines Morgens klingelte es nachdrücklich an der Tür meines Ateliers in der Ainmillerstraße. Ein gemütlicher Schutzmann stand draußen und machte mich schmunzelnd aufmerksam, daß an meinem großen Atelierfenster ein »nackter Kerl« stehe. Unten auf der Straße hatte sich schon eine kleine Ansammlung gebildet und sah sich die Frühstücksgymnastik meines Sonnenanbeters an. »Wissen S', i möcht's net melden!« sagte der biedere Ordnungsmann. Wir wurden also nicht eingesperrt.

Heute fällt mir das alles wieder ein, weil ich ihn wiedergesehen habe, unseren »Kohlrabi-Apostel« und mich staunend frage, wie er die lange Zwischenzeit überstehen konnte. Zwei Weltkriege und ein tausendjähriges Reich! Nach der ersten Katastrophe 1918 traf ich ihn zufällig wieder und stellte offen die Frage. Ja, gestand er, drei lange Tage habe man ihn in einer Kaserne festgehalten, dann aber wieder fortgeschickt, weil damals kein Feldwebel etwas mit ihm anfangen konnte. Er habe sich daraufhin an einem verlassenen Bergsee eine Hütte gebaut und aus einem Baumstamm ein Boot geschnitzt, das just zum Friedensschluß fertig wurde ...

Aber seither kam es ja noch viel toller: Bombennächte, Hunger, Terror, organisiertes Kartenelend. Wie er das überlebt hat, vergaß ich ihn zu fragen. Ich will es auch gar nicht wissen. Ich möchte lieber kindhaft an eines der wenigen Wunder glauben, die es heute noch gibt. E r   l e b t !«
René Prévot[240]

---

[240] René Prévot, *Münchner Merkur*, 3. Juli 1950, Nr. 171, S. 3

Gusto Gräsers Aufruf zu den »Urgesprächen«

Gusto Gräser lebte die letzten Jahre in größter Armut in München-Freimann in einer Dachkammer im selbstgefertigten Bett zwischen Papierbergen und Gedichten, keinen Moment seine Mission der Bedürfnislosigkeit und der Friedensstiftung vergessend. Er starb am 27. Oktober 1958 mit 79 Jahren.

Gusto Gräser am Ende seines Lebens in München

Epilog
Die Wiederentdeckung des Monte Verità

Zu Anfang der 1950er-Jahre richtete sich ein ganz anderer Einsiedler als Gusto Gräser im Onsernone-Tal in der Nähe von Locarno ein: der Berner Kanzleibeamte Armand Schulthess hatte im Wald von Auressio ein achtzehn Hektar großes verwildertes Stück Land gekauft und lebte dort in einem verfallenen Haus als Eremit. Er war kein Barfußprediger, aber die Welt verbessern wollte er wohl auch; er kam nicht zum Monte Verità, aber doch ganz in die Nähe, was vielleicht die Voraussetzung dafür schuf, dass er unbehelligt als ein weiterer Spinner so leben konnte, wie es ihm gefiel. Sein weit gefasstes Ziel war die »Enzyklopädie im Walde«, und seine Kommunikation mit der Welt bestand darin, dass er alles Wissenswerte in Stichworten auf Dosendeckel, Sardinenblech und Pappkärtchen schrieb und an die Bäume nagelte: ein geschriebener Kosmos, tausende Tafeln, oft durch Draht verbunden, wie ein Netz von chemischen Formeln. »Kommen Sie zum Abschreiben, ich habe Bücher über den Tod«[241], war da zum Beispiel zu lesen. Seine Mitteilungen waren Fakten aus allen denkbaren Wissensgebieten,

[241] Ingeborg Lüscher, Dokumentation über A. S., Köln 1972

Ingeborg Lüscher 2008

abgeschrieben aus Lexika, Büchern und Zeitungen, es waren auch Aufforderungen: »Me demander« – mich fragen, und »Rufen Sie mich an! Tel. 80178«, nur die Telefonnummer war falsch. Armand Schulthess floh jeden Kontakt, und als Ingeborg Lüscher, deutsche Künstlerin aus Tegna bei Ascona, ihn entdeckt hatte und versuchte, ins Gespräch mit ihm zu kommen, warf er mit Steinen nach ihr. Trotzdem lernt sie ihn langsam kennen, Bruchstücke aus seiner Vergangenheit, Frauen, die ihn verlassen haben, ein Kind, das gestorben ist, ein oder zwei Modegeschäfte. Was davon der Wahrheit entsprach, blieb unklar. Die Welt neu ordnen, vielleicht heilen durch Ordnung? Ingeborg Lüscher schrieb alles ab, was auf den Täfelchen zu lesen war, Horoskope von Bekannten und Unbekannten, chemische Formeln, philosophische Gedanken und historische Daten, alles, was in Zeitungen vermischt ist, wird wieder entmischt und zusammengefügt in eine Systematik mitten im Wald, wortsüchtig und faktenbesessen. Ingeborg Lüschers *Dokumentation über A. S.* mit dem Untertitel *Der größte Vogel kann nicht fliegen* (auch ein Zitat aus den Bäumen) erscheint 1972, im selben Jahr wird Schulthess tot in seinem Wald aufgefunden; Ingeborg Lüscher rettet so viele von den Täfelchen wie möglich, bevor die Familie von Schulthess kommt und alles zerstört. Harald Szeemann stellt in der Dokumenta 5 Ingeborg Lüschers Arbeit über Armand Schulthess aus, und er bringt sie in den Zusammenhang der »Individuellen Mythologien«, die für Szeemann in sein imaginäres »Museum der Obsessionen« gehören. Dass er sich bei dieser Gelegenheit auch in die Künstlerin verliebte, war folgenreich – er zog nach Tegna, ganz in die Nähe des

Monte Verità, und begann, sich für seine Geschichte zu interessieren. Der »Berg der Wahrheit« war in den 1970er-Jahren längst in Vergessenheit geraten; indem Szeemann Schicht um Schicht der vergangenen Utopien wieder freilegte, wurde sichtbar, dass die Lebenswünsche und alternativen Unternehmungen immer wieder ähnliche Paradiese imaginieren und an denselben menschlichen Unzulänglichkeiten scheitern. Szeemanns Lust, die Utopien, Obsessionen, Fantasien wichtiger zu finden als deren Scheitern, hat den »Monte Verità« zu einer »neuzeitlichen sakralen Topografie« gemacht.

Dieses Buch ist Harald Szeemann gewidmet – auf der Vogelfluglinie zwischen Schwabing und dem Monte Verità.

Literaturverzeichnis

Bachmair, Heinrich F. S.: Berichte des ersten Verlegers 1911–1914, in: Erinnerungen an Johannes R. Becher, Frankfurt a.M. 1974
Bakunin, Michail Alexandrowitsch: Gott und der Staat, Hamburg 1969
Ball, Hugo und Emmy Hennings: Damals in Zürich. Briefe aus den Jahren 1915–1917, Zürich 1978
Ball, Hugo: Briefe 1911–1927, Einsiedeln / Zürich / Köln 1957
Ball, Hugo: Die Flucht aus der Zeit, Luzern 1946
Ball, Hugo: Zur Kritik der deutschen Intelligenz, München 1970
Bauschinger, Sigrid: Else Lasker-Schüler, Göttingen 2004
Bauschinger, Sigrid: Exil im Exil, in: Festschrift für Konrad Feilchenfeldt, hrsg. von Claudia Christophersen und Ursula Hudson-Wiedemann, Würzburg 2004
Becher, Johannes R. (Hrsg.): Revolution, Zeitschrift, Nr. 1, München 1913
Becher, Johannes R.: Abschied, Berlin 1946
Becher, Johannes R.: Als namenloses Lied. Gedichte, Leipzig 1981
Bochsler, Regula: Ich folgte meinem Stern. Das kämpferische Leben der Margarethe Hardegger, Zürich 2004
Bock, Hans Manfred und Florian Tennstedt: Raphael Friedeberg. Arzt und Anarchist in Ascona, in: Harald Szeemann (Hrsg.), Monte Verità. Berg der Wahrheit, Milano 1978
Brandenburg, Hans: München leuchtete, München 1953
Dehmlow, Raimund und Gottfried Heuer (Hrsg.): 1. Internationaler Otto Gross Kongress, Marburg und Hannover 2000
Dehmlow, Raimund und Gottfried Heuer (Hrsg.): Bohème, Psychoanalyse und Revolution, 3. Internationaler Otto Gross Kongress, Marburg 2003
Dehmlow, Raimund, Ralf Rother und Alfred Springer (Hrsg.): Die Rebellion des Otto Gross, 6. Internationaler Otto Gross Kongress, Marburg 2008
Dehmlow, Raimund: Otto Gross. Veröffentlichung der Briefe von Otto Gross an Frieda Weekley und Franz Jung, in: www.dehmlow.de (24. April 2009)
Derp, Clotilde von: La vie que nous avons dansée, in: Frank-Manuel Peter, Rainer Stamm (Hrsg.), Die Sacharoffs, Köln 2002
Dörr, Evelyn: Rudolf Laban: Das choreographische Theater, Norderstedt 2004
Echte, Bernhard und Katharina Aemmer (Hrsg.): Emmy Ball Hennings 1885–1948: ich bin so vielfach ..., Katalog zur Ausstellung, Frankfurt a.M. 1999
Escherig, Manfred: Der Doge von Locarno, in: Deine Sehnsucht war die Schlange, Else Lasker-Schüler Almanach, Wuppertal 1997
Fäthke, Bernd: Marianne Werefkin, München 2001
Flach, Jakob: Ascona – Gestern und Heute, Zürich 1971
Frank, Leonhard: Links wo das Herz ist, München 1963
Frecot, Janos, Johann Friedrich Geist, Diethart Kerbs (Hrsg.): Fidus 1868–1948. Zur ästhetischen Praxis bürgerlicher Fluchtbewegungen, München 1972
Frecot, Janos: Landkrone über Europa. Der Monte Verità als zentrales Versuchsfeld für alternative Lebensformen zwischen Jahrhundertwende und Erstem Weltkrieg, in: Harald Szeemann (Hrsg.), Monte Verità. Berg der Wahrheit, Milano 1978
Glauser, Friedrich: Dada, Ascona und andere Erinnerungen, Zürich 1976

Glauser, Friedrich: Man kann so schön mit Dir schweigen. Briefe an Elisabeth von Ruckteschell und die Asconeser Freunde 1919–1932, Wädenswil 2009
Goll, Claire: Ich verzeihe keinem, München/Zürich 1980
Götz von Olenhusen, Albrecht: Psychoanalyse und Anarchismus: Die Eroberung des Luftreiches, in: Schriften der Erich-Mühsam-Gesellschaft, Heft 19, Lübeck
Graf, Oskar Maria: Wir sind Gefangene, München 2008
Green, Martin: Else und Frieda. Die Richthofen-Schwestern, München 1996
Green, Martin: Mountain of Truth, Hanover and London 1986
Grohmann, Adolf Arthur: Die Vegetarier-Ansiedlung in Ascona und die sogenannten Naturmenschen im Tessin, Halle a. d. Saale 1904
Gross, Otto: Internetseite der International Otto Gross Society, www.ottogross.org (24. April 2009)
Hennings, Emmy: Das Brandmal. Ein Tagebuch, Frankfurt a. M. 1999
Hesse, Hermann: Demian. Die Geschichte von Emil Sinclairs Jugend, Frankfurt a. M. 1974
Hesse, Hermann: Der Weltverbesserer, Frankfurt a. M. 2001
Hesse, Hermann: Gedichte, Frankfurt a. M. 1977
Hesse, Hermann: Gesammelte Briefe, Berlin und Frankfurt a. M. 1973
Heuer, Gottfried (Hrsg.): 2. Internationaler Otto Gross Kongress, Marburg 2002
Hirte, Chris: Erich Mühsam und Otto Gross. Rekonstruktion einer Begegnung, in: Raimund Dehmlow und Gottfried Heuer (Hrsg.), 1. Internationaler Otto Gross Kongress, Marburg und Hannover 2000
Hofmann, Ida: Vegetabilismus! Vegetarismus!, Selbstverlag Ida Hofmann-Oedenkoven, Monte Verità bei Ascona, 1905
Hofmann-Oedenkoven, Ida: Monte Verità. Wahrheit ohne Dichtung, Lorch 1906
Holbein, Ulrich: Drum TAO-Wind ins Winterland! Drei radikale Naturpropheten: Karl Wilhelm Diefenbach, Gustaf Nagel, Arthur Gustav Gräser, Löhrbach 2009
Holbein, Ulrich: Narratorium. 255 Lebensbilder, Zürich 2008
Hurwitz, Emanuel: Otto Gross. Paradies-Sucher zwischen Freud und Jung, Zürich 1979
Jawlensky, Alexej: Lebenserinnerungen, Hanau 1970
Josephson, Mirjam: Ascona in Zeiten der Emigration, in: Festschrift für Konrad Feilchenfeldt, hrsg. von Claudia Christophersen und Ursula Hudson-Wiedemann, Würzburg 2004
Jung, Franz: Der Weg nach unten, Hamburg 1961
Karlauf, Thomas: Stefan George, München 2007
Kneubühler, Theo: Die Künstler und Schriftsteller und das Tessin (von 1900 bis zur Gegenwart), in: Harald Szeemann (Hrsg.), Monte Verità. Berg der Wahrheit, Milano 1978
König, Peter-Robert: Interview mitP. R. König, in: Flensburger Hefte, Flensburg 1998
Kropotkin, Peter: Gegenseitige Hilfe in der Tier- und Menschenwelt, Berlin 1975
Kubitschek, Brigitta: Franziska Gräfin zu Reventlow, Prien am Chiemsee 1994
Kulturstiftung der Länder (Hrsg.), in Verbindung mit der Städtischen Galerie im Lenbachhaus: Georg Schrimpf – Oskar Maria Graf 1918, Heft 48, München 1992
Laban, Rudolf von: Ein Leben für den Tanz, Bern und Stuttgart 1989
Landmann, Robert: Ascona – Monte Verità, Frauenfeld/Stuttgart/Wien 2000
Lasker-Schüler, Else: Lieber gestreifter Tiger. Briefe von Else Lasker-Schüler, hrsg. von Margarete Kupper, München 1969
Lasker-Schüler, Else: Mein blaues Klavier, Jerusalem 1943

Lasker-Schüler, Else: Sämtliche Gedichte, München 1966
Linse, Ulrich: Barfüßige Propheten. Erlöser der zwanziger Jahre, Berlin 1983
Linse, Ulrich: Der Rebell und die »Mutter Erde«: Asconas »Heiliger Berg« in der Deutung des anarchistischen Bohèmien Erich Mühsam«, in: Harald Szeemann (Hrsg.), Monte Verità. Berg der Wahrheit, Milano 1978
Linsel, Anne und Peter von Matt (Hrsg.): Deine Sehnsucht war die Schlange. Ein Else Lasker-Schüler Almanach, Wuppertal 1997
Ludwig, Emil: Geschenke des Lebens, Berlin 1931
Lüscher, Ingeborg: Dokumentation über A. S. – Der größte Vogel kann nicht fliegen, Köln 1972
Mann, Klaus: Die Sammlung, Literarische Monatsschrift, Reprint, München 1986
Michels, Volker (Hrsg.): Materialien zu Hermann Hesses »Siddharta«, Band 1, Frankfurt a. M. 1986
Mühsam, Erich: Ascona 1905, Reprint von Klaus Guhl, Berlin o. J.
Mühsam, Erich: Briefe an Zeitgenossen, Berlin 1978
Mühsam, Erich: Tagebücher 1910–1924, München 1994
Mühsam, Erich: Unpolitische Erinnerungen, Berlin o. J.
Müller, Hedwig: Mary Wigman. Leben und Werk der großen Tänzerin, Berlin 1992
Müller, Hermann (Hrsg.): Gusto Gräser. Aus Leben und Werk. Bruchstücke einer Biographie, Knittlingen 1987
Müller, Hermann: Der Dichter und sein Guru. Hermann Hesse – Gusto Gräser. Eine Freundschaft, Wetzlar 1978
Perrottet, Suzanne: Ein bewegtes Leben, Berlin 1995
Peter, Frank-Manuel und Rainer Stamm (Hrsg.): Die Sacharoffs, Köln 2002
Reventlow, Franziska Gräfin zu: Briefe 1890–1917, Frankfurt a. M. 1977
Reventlow, Franziska zu: Der Geldkomplex. Roman meinen Gläubigern zugeeignet, Frankfurt a. M. / Berlin 1987
Reventlow, Franziska zu: Herrn Dames Aufzeichnungen oder Begebenheiten aus einem merkwürdigen Stadtteil, Berlin 1990
Reventlow, Franziska zu: Von Paul zu Pedro. Amouresken, München 1912
Riess, Curt: Ascona. Geschichte des seltsamsten Dorfes der Welt, Zürich 1964
Rilke, Rainer Maria: Brief vom 19. Dezember 1919 aus Locarno an Elvire Bachrach, zit. nach Ausstellungskatalog Nr. 26 Rainer Maria Rilke, Schiller-Nationalmuseum Marbach a. N., München / Stuttgart 1975
Rosenbaum-Kroeber, Sybille: Was ist Eranos und wer war Olga Fröbe-Kapteyn? In: Harald Szeemann (Hrsg.), Monte Verità. Berg der Wahrheit, Milano 1978
Schiff, Julia: Extremes Denken und Fanatismus, in: Südostdeutsche Vierteljahresblätter 4, München 1998
Schwarzenbach, Annemarie und Hans Rudolf Schmid: Das Buch von der Schweiz, Ost und Süd, Eduard Korrodi (Hrsg.), Band XV, München 1932
Sombart, Nicolaus: Die deutschen Männer und ihre Feinde, München / Wien 1991
Stadler, Edmund: Tanz und Theater in Ascona, in: Harald Szeemann (Hrsg.), Monte Verità. Berg der Wahrheit, Milano 1978
Storck, Joachim W.: Rainer Maria Rilke, Ausstellungskatalog Nr. 26 Schiller-Nationalmuseum Marbach a. / N., München / Stuttgart 1975

Szeemann, Harald (Hrsg.): Monte Verità. Berg der Wahrheit. Lokale Anthropologie als Beitrag zur Wiederentdeckung einer neuzeitlichen sakralen Topographie, Katalog, Milano 1978
Szeemann, Harald: Individuelle Mythologien, Berlin 1985
Szeemann, Harald: Museum der Obsessionen. (von/über/zu/mit) Harald Szeemann, Berlin 1981
Szeemann, Harald: Zeitlos auf Zeit. Das Museum der Obsessionen, Regensburg 1994
Szittya, Emil: Das Kuriositäten-Kabinett, Reprint Berlin-West 1979
Tworek, Elisabeth: Tanz um die Jahrhundertwende, in: Schwabing. Kunst und Leben um 1900, München 1998
Ullmann, Regina: Erzählungen. Prosastücke. Gedichte, München 1978
Voswinckel, Ulrike und Frank Berninger (Hrsg.): Exil am Mittelmeer. Deutsche Schriftsteller in Südfrankreich 1933–1941, München 2005
Voswinckel, Ulrike: Ein goldener Griffel. Auf Umwegen zu sich selbst: Regina Ullmann, in: Der Traum vom Schreiben, hrsg. von Edda Ziegler, München 2000
Weber, Marianne: Max Weber, München/Zürich 1989
Wendt, Gunna: Fluchtlinien einer Performance, in: Der Traum vom Schreiben, hrsg. von Edda Ziegler, München 2000
Werefkin, Marianne von: Impressionen von Ascona (1928), Galleria Via Sacchetti, Ascona 1988
Wilhelm, Hermann: Die Münchner Bohème, München 1993
Wolfskehl, Karl: Briefwechsel aus Italien, 1933–1938, hrsg. von Cornelia Blasberg, Hamburg 1993
Wolfskehl, Karl: Briefwechsel aus Neuseeland, 1938–1948, Band 2, Darmstadt 1988
Ziegler, Edda (Hrsg.): Der Traum vom Schreiben. Schriftstellerinnen in München 1860 bis 1960, München 2000

Bildnachweis

AUS ARCHIVEN, SAMMLUNGEN UND GALERIEN: Art-Dego, Detlef Gosselck Berlin S. 118 · Deutsches Literaturarchiv Marbach S. 31, 34, 36, 120, 151 · Deutsches Monte Verità Archiv Freudenstein mit Gräser Archiv S. 15, 28, 29, 37, 126, 169 · Deutsches Tanzarchiv Köln S. 26, 135, 145 · Galleria Via Sacchetti, Ascona S. 139 · Keystone Bildarchiv/Niklaus Stauss S. 173 · Mary Wigman Archiv, Akademie der Künste Berlin S. 94, 96, 99, 101 · Monacensia Literaturarchiv und Bibliothek, München S. 19, 27, 40, 41, 44, 56, 60, 63, 66, 68, 73, 77, 78, 79, 81, 87, 88, 89, 91, 92, 93, 102, 103, 104, 108, 127, 128, 148, 155, 164, 165, 167, 168, 169, 170 · Münchner Stadtarchiv S. 52 · Otto Gross Archiv/Gottfried Heuer London S. 47, 56, 129 · Otto Gross Gesellschaft/Raimund Dehmlow S. 14, 51 · Robert-Walser-Stiftung Zürich (Nachlass Emmy Hennings – Hugo Ball) S. 105, 112, 115, 116, 132 · Schweizerisches Sozialarchiv Zürich S. 65 · Stefan George-Archiv, Stuttgart S. 151

AUS PUBLIKATIONEN: Bauschinger, Sigrid: Else Lasker-Schüler, Göttingen 2004 S. 121, 155 · Flach, Jakob: Ascona – Gestern und Heute, Zürich 1971 S. 7, 14, 15, 18, 22, 30 · Il Giornale della Musica, Roma S. 145 · Lucas, Robert: Frieda von Richthofen. Ihr Leben mit D. H. Lawrence, München 1972 S. 56 · Riess, Curt: Ascona. Geschichte des seltsamsten Dorfes der Welt, Zürich 1977 S. 154 · Szeemann, Harald (Hrsg.): Monte Verità. Berg der Wahrheit. Lokale Anthropologie als Beitrag zur Wiederentdeckung einer neuzeitlichen sakralen Topographie, Mailand 1978 S. 21, 22, 27, 64, 162

AUS PRIVATBESITZ: Fäthke-Born, Fotoarchiv S. 134, 137, 138, 147 · Ernst Frick, Familiennachlass S. 50, 82, 144 · Jelena Hahl-Fontaine, Privatsammlung S. 135, 146 · Ulrich Holbein, Privatsammlung S. 24 · Ingeborg Lüscher, Privatsammlung S. 171 · E. Steinemann, Privatsammlung S. 144 · Ulrike Voswinckel, Privatsammlung S. 18, 149, 172 · Hermann Wilhelm, Privatsammlung S. 78

INTERNET: Mikhail Alexandrowitsch Bakunin, Foto von Félix Nadar, in: www.wikipedia.org (8. Juni 2009) S. 42 · Gustav Landauer, in: www.wikipedia.org (8. Juni 2009) S. 62

Bei nicht allen historischen Abbildungen ließen sich die Rechteinhaber ermitteln. Der Verlag ist für Hinweise dankbar.

Mein herzlicher Dank

gilt allen Ratgebern, Leihgebern, Archivaren, Rechte-Inhabern, praktischen Helfern, Inspiratoren und Zuhörern:

Ingeborg Lüscher, Tegna, für Ermutigung, Fotos und Gastfreundschaft; Christoph Zürcher, Locarno, für alle neuen Nachrichten vom Monte Verità; Hermann Müller für seine Gräser-Forschungen und Fotos, Jelena Hahl-Fontaine für ihre eigenen Werefkin-Bilder, Bernd Fäthke für die Foto-Dokumente zu Werefkin; Gottfried Heuer, Raimund Dehmlow, Albrecht Götz von Olenhusen für viele Fotos, Dokumente und Informationen zu Otto Gross; Kristina Kargl für neue Dokumente zu Regina Ullmann; Detlef Gosselck für das Foto und das Bild von Lou Albert-Lasard; Bernhard Echte (Nimbus-Verlag Wädenswil) für Dokumente zu Hugo Ball, Emmy Hennings und Friedrich Glauser; Wolfgang Frick für Fotos von Ernst Frick; Andrea Uboldi, Minusio, für Fotos von Margarethe Hardegger; Thomas Kemme (Deutsches Literaturarchiv Marbach), Ute Oelmann (Stefan George-Archiv Stuttgart), Stefan Länzlinger (Schweizer Sozialarchiv Zürich), Frank-Manuel Peter (Deutsches Tanzarchiv Köln), Frank Schmitter und Gabriele Eitzinger aus der Handschriftenabteilung der Monacensia für freundliche Hilfe; Gabriele Förg für produktive Zusammenarbeit, Ulrich Holbein für sein Narratorium, Sylvia Schütz für Formulierungslust und Organisation, Katharina Kuhlmann für das Gesicht der Ausstellung und ihre Fotos vom Lago Maggiore, Otto Dzemla für das Faltblatt, Dietlind Pedarnig für die Redaktion, Stefanie Seiler für praktische Hilfe und Klaus Voswinckel für alles.

Register

Adorno, Theodor W. 131
Albert-Lasard, Lou 10, 118f.
Apollinaire, Guillaume 113
Arnold, Karl 127
Arp, Hans 109, 113, 115, 119
Ažbe, Anton 50, 53, 136

Bab, Julius 43
Bachmair, Heinrich F. S. 104f., 108
Bachofen, Johann Jakob 9, 41
Bachrach, Elvira 145, 156
Bahr, Hermann 38
Bakunin, Michail Alexandrowitsch 9, 42f., 108, 117
Ball, Hugo 10, 53, 104–113, 115–117, 119, 130–133, 140
Ball-Hennings, Emmy s. Hennings, Emmy 10, 39, 53, 104–109, 111–113, 115–117, 119, 130–133, 141, 164
Bara, Charlotte 12, 144f., 156
Bauschinger, Sigrid 120f., 154, 156
Beauclair, Alexander Wilhelm de 49f.
Beauclair, Enrichetta Rogantini de 50
Becher, Johannes R. 39, 52, 54, 58, 60, 104 bis 106, 108, 120
Benn, Gottfried 104
Benz, Sophie 50, 53, 55, 58f.
Bereska, Dussia 118
Berninger, Frank 159, 166f.
Besant, Annie 162
Binswanger, Herbert 141
Blei, Franz 104
Bloch, Ernst 120
Blom, Philipp 9
Bochsler, Regula 61–65, 165f.
Bock, Hans Manfred 71
Bölsche, Wilhelm 67
Brandenburg, Hans 11, 90f., 95–98, 100–102, 114
Brod, Max 104
Bronnen, Arnold 58

Buber, Martin 161f., 164

Campendonk, Heinrich 113
Cendrars, Blaise 109
Conrad, Michael Georg 38
Crowley, Aleister 123
Curtius, Ludwig 81

Daniel, Alfred 37
Darwin, Charles 67
Dawringhausen, Heinrich Maria 100
Debussy, Claude 110
Deleuze, Gilles 52
Dehmlow, Raimund 47, 57, 60
Derleth, Christine 163
Derleth, Ludwig 162–164
Derp, Clotilde von 114, 134f., 144f.
Diefenbach, Karl Wilhelm 20
Dörr, Elisabeth 28f., 142
Dörr, Evelyn 101
Duncan, Isadora 26

Ehret, Arnold 30
Eisner, Kurt 55, 130
Ekkehardt, Meister 108
Escherig, Manfred 121
Eliade, Mircea 161
Emden, Max 148, 162
Ewers, Hanns Heinz 43

Faas-Hardegger, Margarethe
s. Hardegger, Margarethe 60–66, 69, 118, 142, 164–166
Fahrenkamp, Emil 143
Fäthke, Bernd 134, 136–138, 142, 146
Falke, Gertrud 95
Falke, Ursula 95
Feilchenfeldt, Konrad 156, 159
Flach, Jakob 119, 159
Forel, Auguste 69
Frank, Bruno 159

Frank, Lisa 114
Frank, Leonhard 10, 50, 52–55, 104, 111, 114, 159
Frecot, Janos 19
Freud, Sigmund 40, 48, 52f., 119
Frick, Ernst 50, 53, 57f., 61–63, 81–83, 86f., 139, 142–144
Friedeberg, Raphael 15, 43–45, 48, 61, 71
Fröbe-Kapteyn, Olga 11, 142, 161–164

George, Stefan 10, 40f., 53, 78, 150–154, 162–166
Giehse, Therese 161
Glauser, Friedrich 113, 117, 119, 139
Gobmaier, Alois 69
Götz von Olenhusen, Albrecht 119
Goll, Claire 114f., 119, 140
Goll, Yvan 114f., 119
Gori, Pietro 45
Gräser, Arthur Gustav (Gusto) 8, 11–15, 17, 19–21, 27–29, 32–38, 65, 72, 119, 126 bis 128, 142, 167–171
Gräser, Karl 8, 13f., 17–20, 65, 69, 126
Graf, Oskar Maria 9, 11, 64, 66–72, 126, 128
Green, Martin 10, 29, 55, 57
Grohmann, Adolf Arthur 21, 25, 27f.
Gross, Frieda 53, 55–59, 61, 81, 83, 86f., 142
Gross, Hans 62, 87
Gross, Otto 9, 40, 47–50, 52–60, 65, 77, 86f., 117, 128f.
Gross, Peter 57
Guattari, Félix 52
Guggenheim, Sylvain 156f.
Gundert, Paul 32

Haag, Anna 50, 53
Haeckel, Ernst 67
Harden, Maximilian 58
Hardegger, Margarethe 60–66, 69, 118, 142, 164–166
Hartmann, Franz 17, 123
Hasenclever, Walter 58
Hattemer, Lotte 8, 13–16, 20, 45, 51, 58f.

Hegel, Georg Wilhelm Friedrich 131
Helbig, Walter 143
Held, Hans Ludwig 38
Hennings, Annemarie 115f., 131
Hennings, Emmy 10, 39, 53, 104–109, 111–113, 115–117, 119, 130–133, 141, 164
Hesse, Hermann 10, 21, 29–38, 119f., 132f., 176
Hesse, Ninon 133
Hessel, Franz 41, 78f.
Heuer, Gottfried 47
Heydt, Eduard von der 142f., 148
Heym, Georg 58
Hirte, Chris 47, 65
Hoddis, Jakob van 109
Hofmann, Ida 8, 13–16, 18, 20–25, 45, 58, 61, 92, 118, 122–124, 126, 141
Hofmann, Jenny 8, 13, 15, 20, 126
Hoffmann, Peter 154
Hofmannsthal, Hugo von 161
Horkheimer, Max 131
Holbein, Ulrich 28, 167
Holitscher, Arthur 161
Huch, Fritz 79
Huch, Roderich 78
Hülsenbeck, Richard 110f.
Hurwitz, Emanuel 48, 52, 59f., 129f.

Ibsen, Henrik 24

Jaffé, Edgar 55, 57
Jaffé, Else s. Richthofen, Else von 55–57, 87
Jaffé, Peter 57
Janco, Georges 109
Janco, Marcel 109, 111, 115
Jaques-Dalcroze, Émile 95
Jawlensky, Alexej 10, 114, 134–136, 138 bis 140
Jawlensky, Andreas 136, 138
Josephson, Mirjam 158f.
Jouve, Pierre-Jean 140
Jung, Carl Gustav 48, 52, 55, 58, 119, 161 bis 163

Jung, Franz 60, 64, 128f.
Jung-Neugeboren, Hilde 119f.

Kafka, Franz 58
Kandinsky, Wassily 10, 109f., 112, 134, 137f.
Kant, Immanuel 131
Karlauf, Thomas 154
Kerényi, Karl 161
Kirchner, Ernst Ludwig 110
Kirndörfer, Marie (Marietta) 105, 108, 111
Kitzinger, Friedel 82
Klabund 104, 108, 111, 120
Klages, Ludwig 40f., 78f.
Klee, Paul 113, 142
Klein, Wilhelm Robert 50
Kneubühler, Theo 18, 108
Kobus, Kathi 105
König, Peter-Robert 123, 175
Krishnamurti 162
Kohler, Albert 143
Kropotkin, Pjotr Alexejewitsch (Peter) 64, 66, 69–71
Kubitschek, Brigitta 84
Kuh, Anton 128
Kuh, Marianne 128
Kuh Sophie 128

Laban, Rudolf von 9–12, 26, 89–98, 100 bis 103, 109, 111, 113–115, 118, 124f., 141
Landauer, Gustav 46, 62–66, 69, 130
Landauer, Hedwig 62
Landmann, Robert 29, 46, 126, 142
Lao Tse 35, 162, 164
Lasker, Paul 122
Lasker-Schüler, Else 10–12, 104, 109, 120 bis 122, 137f., 141, 154–160
Lassalle, Ferdinand 131
Lawrence, D. H. 57
Lederer, Maja 95, 97, 118
Leistikow, Gertrud 95f., 101f.
Lenin, Wladimir Iljitsch 109, 120, 128
Lenz, Elly 45, 51
Lichtenstein, Alfred 110
Liebknecht, Karl 128

Linse, Ulrich 46, 49
Linsel, Anne 122
Löwenstein, Hubertus Prinz zu 166
Ludwig, Arthur 38
Ludwig, Emil 51f., 76, 84, 88, 148, 159
Lüscher, Ingeborg 171f.
Luther, Martin 131
Luxemburg, Rosa 128
Lyden, Edwin 119

Macke, August 134
McCouch, Gordon 143
Mann, Erika 11f., 160–162, 164f., 167
Mann, Katia 161f.
Mann, Klaus 153–155
Mann, Thomas 38
Marc, Franz 10, 110, 120, 134
Marietta, s. Kirndörfer, Marie 105, 108, 111
Marinetti, Filippo Tommaso 113
Matt, Peter von 122
Marx, Karl 43, 131
Mehnert, Frank 154
Mehring, Walter 161, 166f.
Meidner, Ludwig 110
Melano, Guardian Diego da 121
Mense, Carlo 100, 113
Michels, Volker 30
Morgenstern, Christian 110
Mühsam, Erich 9, 21, 25, 39–48, 50, 53, 57f., 60, 62, 64–66, 70, 75f., 84, 104f., 107, 110, 119, 130, 164f.
Mühsam, Zenzl 164f.
Müller, Johannes 25
Müller, Hedwig 96
Müller, Hermann 12, 33, 35, 119f.
Münter, Gabriele 113, 134

Nagel, Gustav 24, 45
Neitzel, H. L. 113
Niemeyer, Otto 143
Nietzsche, Friedrich 45, 53, 64, 67, 69
Nohl, Johannes 43–45, 48–50, 52f., 57, 64, 119

182

Oedenkoven, Henri 8f., 13f., 17–19, 22f., 25f., 30, 44, 50, 92, 95, 118, 122, 124, 126, 141, 143, 148
Oedenkoven, Isabella 118, 126
Oedenkoven, Verus 118
Orgajow, N. P. 42
Österreich, Laura 95

Partsch, Karl Josef 154
Pedrazzini, Paolo 121f., 156
Perrottet, Allar 118
Perrottet, Suzanne 12, 95, 97, 101, 109, 113, 118
Pfemfert, Franz 60
Pioda, Alfred 17
Polster, Dora 91, 96, 103
Poncini, Pietro 49
Prévot, René 168f.
Prinzhorn, Hans 141
Pritzel, Lotte 39

Rachmaninoff, Sergej 110
Rechenberg-Linten, Alexander Baron von 9, 46, 74–76, 81–85, 87
Rees, Otto van 143
Reich, Wilhelm 52
Remarque, Erich Maria 159, 162
Repin, Ilja 136
Respini-Orelli, Mario 88
Reuss, Theodor 122–124, 126, 166
Reventlow, Franziska (Fanny) Gräfin zu 9, 11f., 40f., 58, 65, 73–88, 141, 162
Reventlow, Rolf zu 40, 73, 76,
Richter, Hans 115
Richthofen, Else von 55f.
Richthofen, Frieda von 55–57
Riess, Curt 147, 158
Rikli, Arnold 13
Rilke, Rainer Maria 67, 119, 145
Rosenbaum-Kroeber, Sybille 163
Ruckteschell, Elisabeth 139
Rusca, Fr. 48–50, 53

Sacharoff, Alexander 114, 134f., 138, 144f.
Schickele, René 108, 110, 114, 159

Schiff, Julia 13
Schlayer, Clothilde 154
Schloffer, Frieda s. Gross, Frieda 53, 55–58, 61, 81, 83, 86f., 142
Schmid, Hans Rudolf 176
Schrimpf, Georg 9, 64, 66–68, 70, 72, 126, 128
Schwarzenbach, Annemarie 11, 148
Schuler, Alfred 40, 78–80
Schulthess, Armand 171f.
Seewald, Richard 104, 119
Segal, Arthur 110, 119, 142
Skrjabin, Alexander 110
Sombart, Nicolaus 52
Sprengel, Alice 166
Stadler, Edmund 125
Stauffenberg, Alexander von 154
Stauffenberg, Berthold von 154
Stauffenberg, Claus von 154
Steiner, Rudolf 24, 123
Stern, Paul 73, 78–80
Stinnes, Emil 148
Stirner, Max 64, 67
Storck, Joachim W. 145
Suchocki, Bohdan von 77–79
Szeemann, Harald 8, 10–12, 18f., 43, 46, 48f., 52, 59, 71, 117, 125, 130, 143, 163, 172f.
Szittya, Emil 43f., 51, 71, 118

Täuber-Arp, Sophie 113, 115, 119
Tauler, Johannes 108
Tennstedt, Florian 71
Thoreau, Henry David 8
Toller, Ernst 159
Tolstoj, Leo 8, 74, 136
Tworek, Elisabeth 91
Tzara, Tristan 109, 111–113, 119

Ullmann, Camilla 56f.
Ullmann, Gerda 56
Ullmann, Regina 56–58, 163

Voswinckel, Ulrike 159, 166f., 177

Wagner, Günther 25
Wagner, Richard 13, 25, 123
Walden, Nell 113
Walter, Claire 113
Weber, Marianne 55, 87
Weber, Max 55, 57f., 61, 87
Weekley, Ernest 55
Weekley, Frieda s. Richthofen, Frieda von 55–57
Weidemeyer, Carl 144
Wendt, Gunna 113
Werefkin, Marianne von 10, 114, 134–147

Werfel, Franz 52, 110
Wigman, Mary 9, 26, 89–92, 94–102, 109, 112, 114, 124, 139, 141, 144
Wolff, Kurt 106
Wolfskehl, Hanna 154
Wolfskehl, Karl 41, 78, 80f., 150–154
Wolzogen, Ernst von 43
Wulff, Käthe 95, 139

Zimmer, Christiane 161
Zimmer, Heinrich 161
Ziegler, Edda 177
Zühlsdorff, Volkmar von 166

Digitale Volltextrecherche unter: http://www.librika.de/9783869060279